plus belle la vie

Les comédiens

plus belle la vie

Les comédiens

Entretiens réalisés par Rémi Castillo

Telfrance série
le tigre bleu

Sommaire

Éditorial	10	*Par Rémi Castillo*
Avant-Propos	12	*Par Richard Guedj*
Michel Cordes	16	*Roland Marci*
Laurent Kerusore	20	*Thomas Marci*
Cécilia Hornus	24	*Blanche Marci*
Dounia Coesens	28	*Johanna Marci*
Jean-Charles Chagachbanian	32	*Franck Ruiz*
Laetitia Milot	36	*Mélanie Rinato*
Franck Borde	40	*Florian Estève*
Sylvie Flepp	46	*Mirta Torres*
Anne Décis	50	*Luna Torres*
Ambroise Michel	54	*Rudy Torres*
Élodie Varlet	58	*Estelle Cantorel*
Hélène Médigue	62	*Charlotte Le Bihac*
Colette Renard	68	*Rachel Lévy*
Virgile Bayle	72	*Guillaume Leserman*
Thibaud Vaneck	76	*Nathan Leserman*
Alexandre Fabre	80	*Charles Frémont*
Rebecca Hampton	84	*Céline Frémont*
Serge Dupire	90	*Vincent Chaumette*
Aurélie Vaneck	94	*Ninon Chaumette*
Pierre Martot	98	*Léo Castelli*
Valérie Baurens	102	*Agathe Robin*
Amalric Gérard	106	*Jean-Baptiste Gauthier*
Julien Oliveri	110	*Maxime Robin*
Cécile Auclert	114	*Véra Madigan*
Fabienne Carat	120	*Samia Nassri*
Ludovic Baude	124	*Benoît Cassagne*
Coline d'Inca	128	*Sybille Cassagne*
Audric Chapus	132	*Raphaël Cassagne*

« *Plus belle, la vie…* »

Par Rémi Castillo

Plus belle la vie…

Rarement une série aura aussi bien porté son titre, car outre l'engouement sans précédent rencontré auprès du public, ce phénomène de la télévision – que tout le monde avait enterré à ses débuts – se révèle un énorme succès et un miroir de notre société qui véhicule des messages de tolérance, de respect et d'ouverture sur des sujets parfois tabous. Tous ces aspects en font aujourd'hui un rendez-vous incontournable du petit écran.

Plus belle la vie…

2008 a été l'année de diffusion du 1 000e épisode, une grande première pour un feuilleton français. Quelle est donc la recette ? Des intrigues créées par une équipe d'auteurs hors pair qui tiennent les téléspectateurs en haleine jour après jour ; un horaire de diffusion judicieux, à 20 h 20, après les journaux du soir – moment où l'on souhaite s'évader et se ressourcer à travers les péripéties de personnages devenus familiers – ; une ville qui nous a toujours fascinés et fait rêver ; ou bien encore… serait-ce grâce au formidable casting de comédiens devenus les visages coutumiers de la série ?

Enfin, Plus belle la vie…

Justement, pour ces comédiens, la série a été et demeure un miracle qu'ils savent apprécier à chaque instant à sa juste valeur. Et, rendons à César ce qui lui appartient, la sincérité et l'authenticité que l'on ressent au quotidien sont dues au travail et à l'abnégation de tous ces acteurs issus pourtant d'horizons très différents.

Ainsi, l'objectif que je me suis donné en écrivant ce livre est-il de vous faire découvrir qui se cachaient derrière Roland, Mirta, Ninon, Luna, Rudy et les autres personnages de la série… Pour beaucoup d'entre eux, la fiction a souvent dépassé la réalité et, en réalisant les interviews, je me suis demandé à plusieurs reprises s'ils n'avaient pas vécu certaines scènes de leurs personnages…

À vous de juger…

Avant de vous laisser pénétrer dans leur intimité, je tiens évidemment à les remercier de m'avoir accordé leur confiance et de m'avoir permis de partager leur parcours, leur quotidien, leurs envies… En bref, des moments de vie qui sont la sève de *Plus belle la vie…*

« Viens voir les comédiens… »

« Ils sont venus… Ils sont tous là… » Air connu, et puis aussi « Viens voir les comédiens… ».

Il faisait une telle chaleur ce jour-là, la lumière tremblait au bord des cils et la sueur luisait au-dessus des lèvres, les mains moites… Tout ce qu'il faut pour être présentable, dire « bonjour », rencontrer enfin les actrices et les acteurs vus et revus en photo depuis quelque temps déjà, ces comédiens qui vont faire partie de l'aventure qui commence aujourd'hui…

La climatisation ne fonctionne pas encore, les studios sont neufs… Et ils sont tous là ! Dans le grand bureau de la production. Avec larmes et bagages. Ils se disent bonjour. Ils s'embrassent. La fille ne quitte déjà plus sa mère. Le mari trouve sa femme plutôt jolie. Dame ! Elle lui a donné deux beaux enfants et, magie de la magie, ils sont déjà grands… et bien élevés ! Et, merveille de la génération spontanée, ils ont eu la grâce d'épargner à leurs parents, beaux comme des sous neufs, coqueluche et varicelle, caprices têtus, nuits blanches et rages de dents…

On se surprend tout à coup : mon Dieu, mais le garçon, c'est tout son père !

Et je les dévisage, comme ça, mine de rien, aussi intimidé qu'eux, ou même davantage…

Il y a cette grande fille blonde et sportive qui n'ose pas allumer sa cigarette.

La gamine de quinze ans accrochée à son père, le vrai. Où ai-je vu la jeune femme brune qui sourit malgré elle ? Tout à l'heure, elle va pleurer en découvrant son décor… Et lui ? Il a de grandes mains et l'accent de Montpellier.

Ah ! Ces deux-là, je les connais.

Colette Renard. À l'écart, assise, ses grands yeux gris vert comme effarés devant tout ce monde. Qu'est-ce que j'aime ses chansons !

Par Richard Guedj

Directeur d'acteur

Et Cécilia, dont j'étais amoureux vingt ans auparavant… Sur quelque scène de France. En tournée. Elle sortait du Conservatoire et jouait Isabelle du *Capitaine Fracasse*. J'étais son Scapin transi.

Et cette troupe – car sous nos yeux s'est formée une véritable troupe d'acteurs – entreprend maintenant la visite des lieux.

Moment étonnant. Joies d'enfants. Émotion d'enfants.

« C'est *mon* hôtel ? C'est *mon* hôtel ? C'est beau ! » Mirta, ou plutôt la comédienne qui va devenir Mirta, s'est déjà approprié *son* hôtel. Elle est drôle. Elle parle, elle parle, elle s'agite. Elle met les autres dans sa poche. Très vite elle me touche.

L'atelier de Charlotte. C'est une ancienne poissonnerie du Panier, on me dit, le quartier de Marseille qui sert de modèle au quartier du Mistral. Moi, je pense aux anciennes boucheries et boulangeries du Marais, qui sont devenues les vitrines chics de Paris. C'est elle, la nouvelle préposée aux aiguilles, qui essuie une larme furtive. Et toute la petite compagnie continue, direction le *Mistral*.

Le bar du quartier imaginé. Le futur cafetier pose ses mains immenses sur la pompe à bière. « Je peux tirer un demi ? » Il rit d'un rire énorme. Et il fait le geste qui lui vient naturellement et… la bière coule dans son écume blanche !

Tout le monde éclate de rire ! Ils ont déjà un premier souvenir commun.

Alors, je pense qu'être acteur c'est connaître les gestes parce qu'on regarde les gestes des autres. Ce n'est pas inné, non, c'est qu'on regarde plus que les autres.

Et je pense alors à Renoir. Le Renoir de *La Règle du jeu*. Il a dit, je crois, que les acteurs savaient regarder et écouter parce qu'ils ne faisaient que ça… Je vérifierai. On nous explique les matériaux et la construction du décor. Et nous voilà la tête levée vers le ciel sur la place du Mistral. Le ciel… Un très haut plafond gris quadrillé de lignes blanches et des ballons de lumière qui nous aveuglent. Un faux ciel et une fausse lumière du jour, pour que le faux invente le vrai. Fasse vrai. Que la réalité technique crée la réalité poétique. L'irréel façonné de réel. Je les regarde dans leur décor et je me dis qu'à cet instant, ils ne seront jamais aussi vrais qu'aujourd'hui. J'écris le mot « sincère » dans ma tête et je le place devant, bien devant tous les autres, qui me viendront au moment du travail quotidien des scènes. Je les dévisage, mine de rien, silencieux, et je vois bien qu'eux aussi, ils me lancent des regards en coin. Ils se posent des questions…

Certainement pas autant que moi… Le trac, déjà. Et les interrogations. Sur le travail. La méthode. Et comment aborder ce travail ?

Heureusement, des rires et des cris me tirent de mes pensées ! Là, en tête de tous les autres, un des rares Marseillais de l'équipe, Malik – qui sera avocat quand il aura réussi son stage – fait le clown et fait rire tous les autres. C'est sa façon à lui d'évacuer son trac et son émotion. Pudeur des gens du Midi. Il taquine déjà celle qui sera sa coéquipière au service de Roland. Elle rit et elle est belle. Elle me fait penser tout à coup à Sophia Loren.

Chaumette prend soin de sa fille. À table, il est assis à côté de Ninon. Je crois au principe selon lequel le prénom guide le destin des êtres et je me dis : Ninon… Ce si joli minois, cette petite bouille à peine sortie de l'enfance, nous réserve des révoltes et des colères ! À sa gauche, cet échalas monté sur piles, qui me fait rire, c'est Rudy, son futur petit copain. Ils semblent les plus grands amis du monde.

Et tout à coup j'ai hâte d'en découdre. Hâte d'être dans le feu de l'action. Hâte de les voir jouer. « Incarner leur personnage », comme on dit.

La première fois où je vais être amené à les guider, à les aider à trouver la couleur des mots… Que leur dirai-je ? Et comment ?

Et puis c'est lundi 5 juillet. Moteur ! Action ! J'ai le cœur qui bat.

Que leur dire ? Et comment ? Je les aime. Je le leur dis. Et tout est simple.

Parce que, comme au théâtre, ce travail est un acte d'amour.

Et les séquences s'enchaînent. Et les mots viennent. Et la complicité se crée.

Samedi 12 juillet. Mais quatre ans plus tard. Mille trois cents personnes ont visité les studios tout au long de la journée. Ils ont pour la plupart les yeux émerveillés. Ils peuvent voir et embrasser les personnages avec qui ils ont rendez-vous tous les soirs depuis mille épisodes. Hier, ce millième épisode a été diffusé. Mille épisodes d'une aventure humaine extravagante. Simple comme une rencontre de comédiens. Une histoire d'hommes et de femmes.

Des actrices et des acteurs. Et pour eux, et autour d'eux, des dizaines de corps de métier qui travaillent avec eux. Pour eux.

Je pense à Jean Gabin, qui disait : « Moi, j'adore les acteurs ! C'est chouette, les acteurs ! C'est bath, les acteurs ! C'est eux qui traduisent tout. »

Et je me dis que je pense tout comme lui.

POLICE
POLICE

Roland Marci

Le Palais Longchamp, à Marseille, est situé sur une colline d'où arrivaient les eaux de la Durance, qui alimentait la ville à la fin du XIXe siècle. « J'aime cet endroit, confie Michel, et ce monument qui a beaucoup d'allure, avec ses fontaines ornées de personnages et d'animaux allégoriques. »

Rémi Castillo : C'est un lieu propice à la détente, loin des tumultes du Mistral et de votre bar ! Michel Cordes : Oui, on s'y sent bien ; c'est un parc où il y a de l'espace, de la verdure, des enfants qui rient, ça me convient bien.

Justement, en parlant d'enfance, pouvez-vous nous raconter vos jeunes années ? Bien sûr. Je suis né dans le Minervois, entre Béziers et Carcassonne, dans une région entièrement viticole. D'ailleurs, mon père était viticulteur, mais il a été ruiné à cause de la sécheresse, avant de devenir maraîcher près de Montpellier. C'est là que j'ai fait mes études, au lycée puis à la fac, même si, dans ma tête, je restais un enfant de la campagne… J'ai été très imprégné par mes origines languedociennes et par mon père, qui était un Occitan militant. Autodidacte, il a écrit des poèmes, des romans, des pièces de théâtre, et il a même reçu un prix littéraire.

À vous écouter, on ressent une authenticité et des valeurs que vous transmettez au travers du personnage de Roland… En effet, Roland aura été une rencontre importante. La production a trouvé que je correspondais bien au personnage. Ces valeurs dont vous parlez, elles n'ont jamais cessé de me suivre tout au long de ma carrière : le respect, la tolérance, la valeur humaine, la valeur des choses, de la terre, du travail.

Ces valeurs, que l'on sent profondément enracinées en vous, ont-elles influé sur vos choix artistiques ? En grande partie, oui. Adolescent, je voulais faire les Beaux-Arts, car j'ai toujours été fasciné par le volume, l'espace ; j'étais attiré par la création, mais mes parents souhaitaient que je devienne professeur. Finalement, je suis entré au Conservatoire d'art dramatique et, après quelques années de théâtre amateur, je suis devenu comédien professionnel en 1968. En 1980, je suis revenu à mes premières amours en suivant une formation d'ébéniste : j'ai fait de la sculpture, des masques de théâtre et des décors. En 1982, je suis retourné au spectacle vivant, où j'ai beaucoup travaillé comme metteur en scène puis en tant qu'auteur dramatique ; parallèlement, j'ai débuté ma carrière d'acteur dans l'audiovisuel en 1985.

Alors, vous considérez-vous comme un comédien ou comme un artisan ? J'ai besoin d'activités manuelles autant que d'une activité intellectuelle. Bien qu'ayant écrit des pièces de théâtre, je ne me prends pas pour un écrivain, alors que je me sens profondément manuel. J'aime triturer la matière pour lui faire dire quelque chose.

Vous êtes comédien depuis près de quarante ans ; que retenez-vous de votre parcours ? L'apprentissage de la vie,

Carte d'identité

Formation : conservatoire de Montpellier ; cours Charles Dullin-TNP ; cours Jean-Laurent Cochet ; stages divers

Cinéma : *La Fin du règne animal* ; *Effroyables Jardins* ; *Carnages* ; *La Isla Del Holandes* ; *Lo Lop Solitari* ; *Sous le sable* ; *Mon père* ; *Une affaire de goût* ; *Passionnément* ; *Didier* ; *Le Hussard sur le toit* ; *L'Anniversaire du poisson-lune*

Théâtre (pièces les plus récentes) : *L'Appel du désert* ; *Alors ça vient ?* ; *Chemin de faire* ; *Les Plaideurs* ; *Jeux de massacre* ; *Contes de mille et une ruines* ; *Family Circus* ; *La Panique et compagnie* ; *La Mémé, le Gamin et les Truands* ; *Où vas-tu Turlu ?* ; *La Cerisaie* ; *Noces de sang* ; *Le Ménage de Caroline* ; *Jules César* ; *Escurial* ; *Fin de partie*

Télévision (tournages les plus récents) : *Accident de chasse* ; *Sara* ; *L'Avocate* ; *Aimer par cœur* ; *Les Louves* ; *Un alibi en or* ; *Les Bois transparents* ; *Chemin de terre* ; *La Cavalière* ; *Lo Miralhet* ; *Sanguine* ; *Bing* ; *Rabelais et l'autre Monde* ; *Il faut sauver Béa* ; *L'Enveloppe* ; *L'Alerte rouge* ; *Morphée aux Enfers* ; *Le Roi Mystère* ; *Les Pistolets de Sans-Atout* ; *Tejedor* ; *Le Lyonnais* ; *Un amour tardif*

Langues – divers : espagnol, occitan, anglais ; équitation, moto, parachutisme, canoë-kayak, chant, guitare ; formation d'acteur, création de masques théâtraux, décor, sculpture, ébénisterie

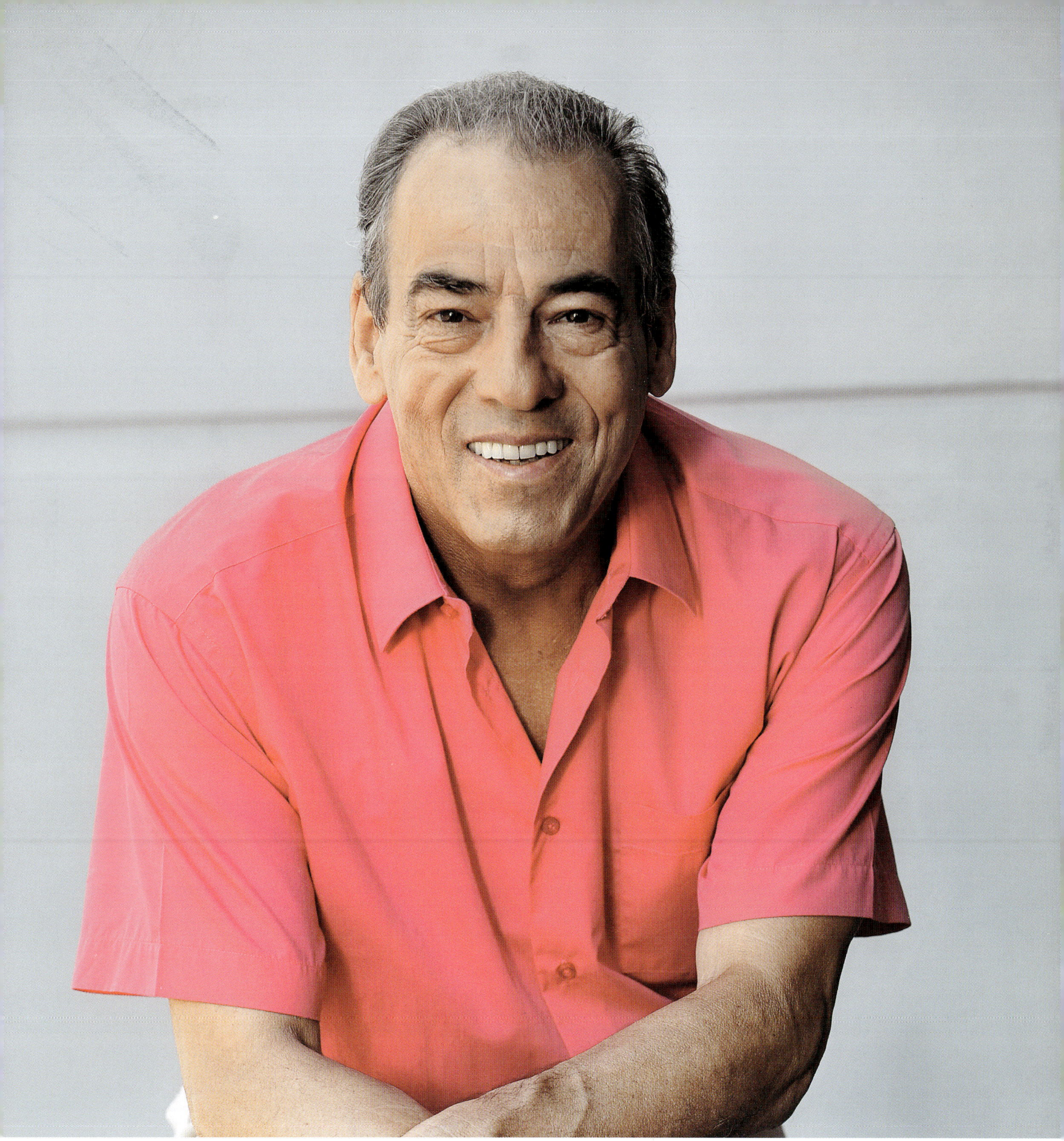

une quête permanente sur moi-même et sur les autres. Après toutes ces années, je suis un peu pris de désillusion : même si mes pièces se terminent toujours sur une note d'espoir, je suis finalement assez réservé, voire pessimiste, sur la nature humaine. Pourtant, je préfère toujours faire preuve d'optimisme : ce qui me plaît, justement, dans le personnage de Roland, c'est qu'il tend vers le positif, le constructif, vers un avenir meilleur.

À propos, dans *Plus belle la vie*, vous incarnez un patriarche à qui le public s'identifie ; l'autre jour, Laurent Kerusore me disait qu'à partir du moment où Roland avait admis l'homosexualité de Thomas, le grand public l'avait admise aussi. Vous avez donc une dimension sociale et un rôle très forts ! Laurent ne me l'avait jamais dit, ça me touche beaucoup.

Au fil des interviews, je suis surpris par l'authenticité de votre clan : vous formez une vraie famille… C'est certain, au-delà de la réalisation et de l'écriture, qui sont fondamentales, je trouve que les producteurs ont fait un excellent travail au niveau du casting. Michelle Podroznic, Hubert Besson et François Charlent ont vraiment eu du nez, ils ont su choisir des individus humainement capables de fonctionner ensemble et d'entretenir un esprit de groupe. Il s'est rapidement créé un bon état d'esprit, qui fait que personne ne se prend pour une star : les intrigues alternent et mettent en avant tel comédien un jour, et tel autre le jour suivant.

Ce casting, justement, comment s'est-il déroulé, quels souvenirs gardez-vous de vos débuts ? Le casting s'est très bien passé. Dès le début, je suis parti bille en tête et, la première semaine, j'ai fait environ vingt-huit séquences. Je me suis dit : « Tu choisis de monter sur un bateau qui va traverser l'Atlantique, une fois parti, pas de demi-tour possible, tu vas de l'avant ! » Et je peux vous assurer que je n'ai pas regretté le voyage…

On vous sent en osmose avec votre personnage. Comment le faites-vous évoluer ? Il a évolué, bien sûr, mais dès le début, comme je vous l'ai dit, il y a eu une vraie rencontre entre Roland et Michel, et, assez vite, les auteurs s'en sont servi. Maintenant, ce sont eux qui imaginent les intrigues et les développent ; nous, on les enrichit. C'est aussi la particularité du feuilleton : on dispose d'un bon « vivier » de personnages, et les auteurs choisissent au fur et à mesure celui qui pourra traverser telle ou telle intrigue.

Un autre ingrédient qui contribue au succès de la série, c'est la complicité entre les comédiens et l'équipe technique. Oui, car même si cette équipe change souvent, les gens qui la constituent reviennent régulièrement, d'où cette complicité dans le travail comme dans les relations humaines.

On a évoqué Michel Cordes, le comédien, le personnage de Roland, la série, mais vous avez peut-être d'autres désirs ? Je fonctionne à l'instinct. Pour le moment, j'ai envie de poursuivre cette aventure. Je n'ai guère le temps de vivre d'autres engagements : en termes de temps, le feuilleton est exigeant, avec l'apprentissage des textes, le tournage. Un jour, j'aurai sûrement besoin d'autres horizons…

Vous avez un parcours riche et une vie bien remplie ; si je vous demandais de me raconter un événement qui vous a marqué, quel serait-il ? Sans hésiter, je citerais trois périodes : les sept ans et demi passés au Centre d'art dramatique de Nancy, à la fondation duquel j'ai contribué et où j'ai beaucoup progressé comme comédien ; les six années de festival du Minervois, que j'ai créé et dirigé, et grâce auquel j'ai perfectionné ma pratique de la mise en scène et débuté mon travail d'auteur ; enfin, les années passées dans l'audiovisuel et, bien évidemment, l'aventure de *Plus belle la vie*.

À propos de la série, justement, pouvez-vous évoquer une séquence dont vous vous souvenez particulièrement ? Une séquence, non, plutôt une intrigue, comme les événements qui se sont déroulés lorsque Mélanie a appris le suicide de sa mère : il y avait un secret, beaucoup d'émotion, et j'étais très impliqué.

Pour conclure, la série a-t-elle parfois rattrapé des situations que vous aviez vécues dans la vie ? En fait, mon expérience professionnelle me permet de ne pas m'identifier et de prendre de la distance vis-à-vis du personnage de Roland, même si, dans de nombreuses intrigues, je me suis dit que cela ressemblait à ce que j'avais vécu à certains moments de ma vie. *A contrario*, je nourris ma réflexion sur le jeu de ce que m'apporte la vie… même s'il ne s'agit pas de faire une psychothérapie !

Laurent Kerusore

Thomas Marci

« Bienvenue dans ma loge, me dit Laurent en m'ouvrant la porte. J'aime être entre ces murs couverts de photographies de tournages, de festivals, de soirées entre amis, de photographies de Madonna (je suis fan !), d'affiches de spectacles, d'un portrait de mon père... »

Carte d'identité

Formation : école Les Enfants terribles avec B. Agenin, G. Oestermann, P. Fierry, H. Briaux, B. Rataud, J. Demarty, P. Lelièvre, T. Fremont, J-P. Malignon

Cinéma : *Recto Verso*

Court-métrage : *J'y arriverais*

Theâtre : *Starmania ; De doux dingues ; La Bonne Adresse ; Les Immigrés de J. Kramer ; Cabaret ; Salut poublic ; Molière ; Les Courtes ; Dans les ténèbres ; Tchekhov aux éclats ; Sur tout ce qui bouge ; Le Legs, de Marivaux*

Télévision : *H ; Les Perles du Pacifique*

Rémi Castillo : À voir toutes ces images, on devine que vous avez une véritable passion pour le monde du spectacle. Avez-vous grandi dans cet univers ? Laurent Kerusore : Oui, car j'avais un grand-père saxophoniste, un grand-oncle trompettiste, un autre violoncelliste, et mon père joue de tous les instruments ; c'est un véritable artiste, il fait également de très belles peintures. Vous savez, les Bretons aiment la fête, et mes parents m'emmenaient souvent au concert et au spectacle.

Pouvez-vous nous raconter votre jeunesse en Bretagne ? Nous habitions en Loire-Atlantique. En fait, j'ai été adopté à un an et demi ; mes parents me l'ont appris très tôt, vers l'âge de quatre ans, et le fait de le savoir jeune m'a permis de ne pas être perturbé ensuite. Comme j'ai toujours été quelqu'un de positif, j'ai considéré que c'était un plus, que ça me différenciait des autres enfants.

Avez-vous fait des recherches pour connaître vos origines ? J'ai fait une tentative auprès de la Ddass de Nantes. J'y ai trouvé le nom de ma mère, mais je n'ai pas souhaité la rencontrer ; je recherchais un morceau de mon histoire, mes premiers mois d'existence. J'ai appris que je n'avais pas eu une petite enfance très reluisante, c'est peut-être ce qui a été le plus difficile à assumer.

Ce passé a-t-il pu influencer votre choix de faire ce métier ? Peut-être, car je me suis toujours senti différent des autres ; je n'étais pas du genre provocateur, mais constamment décalé.

Justement, quel enfant étiez-vous ? Un enfant souriant, facile à vivre. J'ai eu une enfance heureuse. Aujourd'hui, j'ai besoin de ma famille et de mes amis, mais j'aime aussi avoir des moments de solitude. C'est mon côté un peu égoïste, car je suis du genre à « oublier » mon portable pendant plusieurs semaines et à ne plus donner signe de vie !

Le déclic pour ce métier, quand s'est-il produit ? Petit, j'adorais regarder *Au théâtre ce soir* à la télévision, et après j'organisais des spectacles avec d'autres enfants. Mes parents avaient un abonnement à la Maison de la culture de Loire-Atlantique, alors nous allions très souvent au théâtre. Je pense que ça a toujours été une évidence pour moi qu'un jour je ferais ce métier. À onze ans, déjà, je disais que je voulais être « comédien populaire ».

Pourquoi « populaire » ? Pour être proche des gens ; j'ai besoin d'eux pour me remplir d'émotions et vivre des expériences. C'est pour ça que j'ai choisi de vivre à Marseille, dans une maison de village où règne une vraie proximité avec les voisins.

Revenons à votre cursus scolaire ; je crois que vous n'aimiez pas trop l'école. C'est vrai, l'école, ce n'était pas mon truc ; j'étais plutôt dissipé, mais par chance j'étais bon élève et j'avais de bonnes notes. Après le bac, j'ai travaillé au Théâtre de Nantes, et ce sont mes parents qui m'ont donné l'idée d'aller suivre des cours à Paris. Je dois tout à mes parents, et j'ai un rapport très fusionnel avec ma mère ; d'ailleurs, si j'ai un coup de blues, elle le ressent aussitôt. Quant à mon père, c'est mon idole !

Lorsque vous êtes arrivé à Paris, étiez-vous sûr d'y arriver ? Avez-vous connu des périodes de doute ? Je n'ai jamais douté ! Je me suis simplement posé la question de savoir si c'était possible d'être accepté avec la personnalité qui était la mienne, les idées que je représentais… Je suis un comédien, mais je refuse d'être un « produit » : je veux pouvoir rêver et croire que je peux être important pour quelqu'un.

Et *Plus belle la vie*, comment est-ce arrivé ? À une période de ma vie où je n'étais pas très serein, j'ai décidé de quitter Paris et de partir m'installer à Aix-en-Provence, où j'avais quelques amis. Peu de temps après, alors que je venais de me faire virer de mon job, Michelle Podroznik m'a proposé un rôle dans *Plus belle la vie*. Inutile de vous dire que j'étais très heureux et c'est ainsi que je suis devenu Thomas, une des figures emblématiques du Mistral – ce dont je suis très fier !

Comment s'est passée votre intégration à l'équipe ? Très facilement, j'ai été très bien accueilli et, au bout de dix minutes, j'étais chez moi. Pour l'anecdote, lors de ma première scène, Michel (qui joue le rôle de Roland, mon père) a eu un malaise cardiaque et j'ai dû lui faire du bouche-à-bouche ! Ça crée des liens, forcément ! (Rires) Avec les comédiens qui jouent avec moi depuis quatre ans, nous formons une bonne équipe, sincère et authentique. Nous sommes très liés, même en dehors des tournages. Le casting a été exceptionnel car il existe une vraie cohésion dans le groupe.

Le personnage de Thomas est très important. N'est-il pas parfois même envahissant pour Laurent ? Un jour, ma mère m'a dit : « Laurent n'a-t-il pas trop donné à Thomas ? » Cette question m'a bousculé et m'a permis de réaliser que je devais faire attention. Dans la vie, je suis beaucoup moins patient que Thomas ! C'est difficile aussi de porter un rôle tel que celui-là : je ne joue pas un homosexuel, je joue Thomas qui a une histoire homosexuelle… Il ne faut pas

tomber dans le stéréotype ! L'ennui, c'est que je suis maintenant considéré comme l'homosexuel du PAF ; comme je porte désormais une étiquette, à moi de la décoller. C'est pour ça que j'écris, que je joue au théâtre ; je sais que le temps fera le reste et qu'un jour on me fera confiance pour d'autres projets.

D'ailleurs, grâce au personnage de Thomas, vous avez permis qu'on aborde le sujet de l'homosexualité à 20 h 20, en prime-time. En êtes-vous fier ? Oui, c'était la première fois à la télévision que deux hommes s'embrassaient à une heure de grande écoute, devant toute la famille. Félicitations aux auteurs, qui sont parvenus à faire quelque chose qui ne soit ni vulgaire ni choquant. Nicolas et Thomas étaient le couple préféré des Français et, à la mort de Nicolas, les auteurs ont laissé un an au personnage de Thomas pour lui permettre de faire son deuil, ce que le public a apprécié.

Ce premier baiser en prime-time, comment l'avez-vous vécu ? Très bien, parce qu'il s'agissait de jouer un rôle. Thomas vit avec un homme, mais sa sexualité n'est pas montrée, et je n'ai jamais eu de problème ou d'angoisse avec les scènes de baisers. À l'écran, le couple n'existe qu'au travers de gestes discrets : je remets sa cravate, je lui caresse la joue… Tout est dans la suggestion.

Le personnage de Thomas a maintenant une utilité publique, dans le sens où certaines personnes appréhendent peut-être différemment l'homosexualité… Dès le début, tout le monde a été surpris par l'engouement du public pour ce personnage. Son homosexualité a été acceptée par les téléspectateurs dès qu'elle l'a été par mon père, Roland, le patriarche de la série. C'est là une preuve d'intelligence de la part des auteurs, et ça reste, quoi qu'il advienne, une très belle histoire que je ne donnerais à personne !

La grande difficulté, maintenant, sera de s'en détacher, car la vie ne s'arrête pas à *Plus belle la vie*. En effet, et ce n'est pas toujours facile, car il existe des rivalités entre chaînes : certains directeurs de casting ne veulent même pas nous convoquer parce que nous jouons dans *Plus belle la vie*. Il est évident que j'ai envie de faire d'autres choses, mais si demain on me dit que la série dure encore dix ans, je signe tout de suite !

Comment comptez-vous vous y prendre pour évoluer dans un autre univers ? Par le théâtre et par l'écriture. En ce moment, je joue dans une pièce d'Éric Delcour intitulée *Le Délai*, avec mon ancien acolyte Nicolas Herman. Je continue d'écrire et, un jour, les gens finiront par comprendre que je ne suis pas seulement Thomas…

Blanche Marci

Cécilia Hornus

C'est dans sa loge que Cécilia me reçoit car, dit-elle, « c'est l'endroit où l'on se retrouve avec Aurélie (Ninon) et Sylvie (Mirta) depuis des années ; c'est notre sas de décompression pour réfléchir, aborder les scènes, se détendre, retrouver le calme loin de la fourmilière du studio de tournage. Et puis, j'aime beaucoup cette pièce, avec ses murs recouverts de photos de famille, d'amis, du tournage, de dessins d'enfants ».

Carte d'identité

Formation : Conservatoire national supérieur d'art dramatique de Paris ; stage Tchekhov et Stanislavski au théâtre des Amandiers de Nanterre ; stage Corneille-Brigitte Fague Wajeman

Cinéma : *Le Débutant ; La Vallée fantôme ; Au petit bonheur ; Demain à Hollywood ; Le Paradis des infidèles ; Terminale ; Lettres d'Algérie ; Les Courants ; Quelque chose de mal*

Théâtre : *Un homme nommé Jésus ; Le Cid ; Les Caprices de Marianne ; Le Nègre ; La Méprise ; Capitaine Fracasse ; Le Malade imaginaire ; La Mort de Danton ; Ottla Kafka ; Noces à Tipasa ; Le Fou et la Nonne ; La Belle Alphrède ; Dieu merci on ne meurt qu'une fois ; L'Illusion comique ; Père ; Les Femmes savantes ; Rodogune ; L'Étau - Je rêve mais peut-être pas ; Lettres d'Algérie ; Après la pluie ; September ; La Sonate des spectres ; Sganarelle ; La Surprise de l'amour*

Télévision : *Hautot père et fils ; L'Autre Planète ; Fati et ses frères ; L'Eau bleue ; Marie ; Ce train ne prend pas de voyageurs ; La Photo ; Le juge est une femme*

Langues - divers : anglais, russe ; variétés ; natation, gymnastique

Rémi Castillo : À propos d'enfants, évoquons d'abord votre cercle familial ; vous êtes née en Belgique, je crois ?
Cécilia Hornus : Oui, mon père, qui travaillait pour la banque Worms, a été nommé en Belgique, et je suis donc née à Anvers dans une fratrie de six enfants, deux garçons et quatre filles. Nous sommes revenus en France, à Saint-Germain-en-Laye, lorsque j'avais sept ans. C'est mon professeur de français, madame Ferro (l'épouse de l'historien) – une femme extraordinaire –, qui m'a transmis sa passion du théâtre ; du coup, je me suis inscrite au club théâtre du lycée, puis au conservatoire de Saint-Germain-en-Laye.

Quel genre d'enfant étiez-vous ? Entourée de deux frères et de trois sœurs, comment avez-vous trouvé votre place ? J'étais d'une nature très facile, bruyante, pleine d'entrain avec mes frères et sœurs ; on vivait en clan et on faisait souvent des fêtes. La famille compte énormément pour moi. Mon père était très mélomane, ma mère adorait le théâtre, et nos parents nous emmenaient souvent à la Comédie-Française. C'est sans doute pour ces raisons qu'avec mes sœurs, nous avons toutes embrassé des carrières artistiques : l'aînée est agent artistique, la deuxième est assistante de mise en scène à la Comédie-Française, je suis comédienne depuis vingt ans, et la dernière travaille dans la production.

À partir de quel moment avez-vous senti que votre avenir serait lié au domaine artistique ? Je crois que, dès l'âge de onze ans, je me suis dit que comédienne, c'était le métier que je voulais faire. J'aimais dire des poésies, m'imaginer dans des scènes et des situations extraordinaires. J'ai toujours été attirée par le romanesque, par les auteurs comme Molière, Shakespeare ou Claudel : tout à coup, on est transporté dans un autre univers, on nous raconte des histoires qui trouvent écho en nous, ce n'est pas la vraie vie, mais une multitude d'autres vies.

Par la suite, vous avez intégré le Conservatoire de Paris. Pouvez-vous nous en rappeler les circonstances et ce que vous avez ressenti à l'époque ? C'était à la fois magnifique et très angoissant, car je venais d'un conservatoire de banlieue et j'étais très jeune, donc peu sûre de moi. L'intérêt du Conservatoire, c'est qu'on y entre par promotion, on s'y fait donc très vite des amis et des partenaires. J'ai ainsi passé trois ans avec une vingtaine d'apprentis comédiens. Une fois mes angoisses dépassées, j'ai vraiment profité de l'outil que représente le Conservatoire ; je me rappelle, entre autres, mes cours d'interprétation avec Michel Bouquet et Daniel Mesguich, devenu depuis directeur de cette illustre maison.

Ci-dessus. Avec Jean-Claude Brialy au théâtre
Page de droite. « *Rodogune* de Corneille mis en scène par Arlette Tephany au Petit-Montparnasse en 1997. Grand succès, nomination au Molière du meilleur spectacle classique. J'y joue Rodogune. Un grand bonheur ! »

Parlons de vos débuts à la sortie du Conservatoire ; où avez-vous fait vos premiers pas sur scène ? J'ai joué mon premier spectacle professionnel au théâtre des Bouffes-Parisiens, dans *Le Nègre*, avec Jean-Claude Brialy ; c'était un homme élégant, délicieux, c'est lui qui m'a fait rencontrer Jean Marais. J'étais éblouie, il m'a raconté ses tournages et parlé du *Capitaine Fracasse* – spectacle que j'allais jouer ensuite avec Marcel Maréchal au théâtre de la Criée, à Marseille.

Rencontrer Jean Marais, pour une jeune comédienne, ce devait être très impressionnant ; vous souvenez-vous des premières paroles qu'il a eues à votre égard ? Il m'a complimentée, m'ayant vue sur scène avec Brialy ; il m'a parlé des personnages extraordinaires qu'il avait interprétés. J'ai compris que, pour moi, le théâtre c'était tout cela aussi, avec des rôles magnifiques, des sentiments que l'on exprime différemment que dans la vie, une amplification de tout ce que l'on peut avoir au fond de soi et que, par pudeur, on n'ose pas toujours dire en dehors de la scène.

Vous avez connu des débuts formidables, comment s'est enchaînée la suite de votre carrière ? Je suis venue à Marseille, où j'ai rencontré Richard Guedj et Marcel Maréchal, puis j'ai fait une tournée pendant un an. Ensuite, j'ai retrouvé Michel Bouquet dans *Le Malade imaginaire*. C'est un comédien extraordinaire, qui m'a transmis sa vision artistique : travailler la pièce, veiller à ne pas trahir l'auteur, améliorer son travail de la veille… Puis j'ai joué notamment dans *La Mort de Danton*, un de mes plus beaux spectacles. J'ai toujours eu la chance d'interpréter régulièrement des rôles majeurs.

Et comment en êtes-vous arrivée à *Plus belle la vie* ? Je venais de terminer une pièce de théâtre à Tours et je n'avais pas de projet lorsque je me suis présentée au casting. Jusque-là, je n'avais pas beaucoup tourné pour la télévision et j'en éprouvais de la frustration ; c'était un genre qui m'était peu familier, mais qui m'intéressait.

Comment s'est passé votre premier jour de tournage ? J'étais très impressionnée ! C'était une immersion dans un univers totalement inconnu et j'avais peur de décevoir, mais on était très

entourés et il y avait un esprit très positif sur le plateau. Un regard bienveillant et très présent.

Qu'avez-vous ressenti en vous découvrant sur le petit écran ? C'est toujours une souffrance de se voir quand on est acteur. Alors, il faut dépasser les pudeurs et continuer à avancer dans son travail. Mais j'étais fière aussi.

Que pensez-vous de votre personnage de Blanche ? Il y a des similitudes entre le personnage de Blanche et ce que je suis : une maman qui travaille, mariée avec deux enfants, femme active et en même temps « mère poule ». En effet, nous avons en commun l'énergie, l'instinct de protection et la volonté de perfection. Blanche est en prise avec le réel, confrontée à des problèmes financiers liés au travail, en proie aux doutes de la quarantaine qui approche. Elle a un côté militant, et une vie privée compliquée : elle divorce, sa fille lui cause souvent des soucis, elle tombe amoureuse d'un homme totalement improbable pour elle, attend un nouvel enfant... C'est une femme très humaine qui essaie d'être quelqu'un de bien, en accord avec elle-même.

Avez-vous conscience que votre personnage peut avoir une valeur d'exemple ou de référence pour les téléspectateurs ? Très clairement ; j'ai des retours du public et des gens de la profession en ce sens. Tous sont touchés par les références à la solidarité, au dévouement, à la fraternité...

La série montre que, même lorsqu'on est très malheureux, on peut toujours rebondir.

Vos enfants regardent-ils *Plus belle la vie*? Oui, depuis le début. Les scènes où je me dispute avec Johanna les amusent, ils ont l'impression de me voir avec eux et ça leur paraît plus vrai que nature ! En revanche, les scènes d'émotion les heurtent un peu, car ils m'ont rarement vue pleurer... Fort heureusement !

YES

Johanna Marci

Confortablement installés au bord de la piscine du dernier étage de l'hôtel Radisson, situé sur le Vieux-Port, Dounia et moi profitons d'une vue imprenable sur le fort et le port de Marseille. Nous sommes donc dans les meilleures conditions pour commencer l'interview...

Rémi Castillo : Vous avez grandi dans le monde du théâtre...
Dounia Cœsens : En effet, je suis née à Aix-en-Provence, où mon père était prof de théâtre, et j'ai pris des cours avec lui entre huit et onze ans. À cet âge-là, je me suis tournée vers la musique : j'ai fait dix ans de piano au Conservatoire ainsi que trois ans de saxophone et deux ans de guitare hors Conservatoire. J'ai fini par quitter cet établissement car je trouvais que les enseignants nous restreignaient dans notre expression artistique.

Ce n'était pas trop difficile de suivre les cours de votre père ? Non, à huit ans, je n'en avais pas conscience. Je me rappelle juste que ma sœur et moi étions un peu les « chouchous » du groupe, mais il n'y avait pas de favoritisme pour autant. Ma sœur a pratiqué longtemps la musique en poursuivant les cours au Conservatoire. Aujourd'hui, elle est violoniste et vient de réaliser son premier court-métrage.

Je présume qu'il n'était pas facile de concilier ces activités artistiques et votre scolarité. C'est vrai, l'école passait finalement après les castings ou les répétitions. J'ai donc arrêté ma scolarité en classe de seconde, car j'étais prise à temps plein par *Plus belle la vie.*

Avec votre sœur, vous avez toutes les deux réussi ; votre père doit être fier. Bien sûr, il est fier, mais le mot « réussi » est un peu prématuré pour le moment ; nous sommes jeunes, et l'important, c'est de durer !

Comment avez-vous passé le casting de *Plus belle la vie*? C'est mon agent qui m'a proposé cette opportunité alors que la série n'avait pas encore commencé. Auparavant, j'avais déjà fait trois ou quatre téléfilms, deux courts-métrages, et joué dans une pièce de théâtre. Pour le casting, je devais me disputer avec mon « frère ». Ça s'est bien passé car mon père m'avait conseillé de rester naturelle et de m'amuser. Sur le coup, j'ai un peu douté de ma prestation, mais quand j'ai appris que j'étais prise, j'étais très heureuse.

Par la suite, vous souvenez-vous de votre arrivée sur le plateau ? Évidemment ! J'étais déjà contente que cela se passe à Marseille, mais quand je suis arrivée, j'ai cru rêver en voyant

Carte d'identité

Formation : cours de théâtre au Théâtre 108 à Aix-en-Provence

Musique : piano (10 ans) ; saxophone (3 ans) ; solfège (7e année au conservatoire national de musique d'Aix-en-Provence) ; chant (chorale au conservatoire national de musique d'Aix-en-Provence)

Télévision : *Le Temps des amours ; Merci les enfants vont bien ; Protection rapprochée ; Le Détective*

Court-métrage : *Histoire sans faim*

l'importance des décors ; je croyais que c'était une petite série, je n'imaginais pas autant de moyens, avec un quartier entièrement reconstitué !

Les six premiers mois se sont pourtant avérés difficiles ; dans quel état d'esprit étiez-vous avec l'équipe ? On travaillait beaucoup et on était déçus que ça ne décolle pas. Par la suite, il y a eu un peu plus de moyens et le temps nous a prouvé que tout peut s'inverser.

Quels étaient vos premiers partenaires dans *Plus belle la vie* ? Blanche, François, mon frère, et Roland, le papy. Je n'étais entourée que de comédiens expérimentés et j'étais un peu intimidée du haut de mes quinze ans ; ils ont tous été formidables en maternant leur « petite crevette » ! Blanche, ma deuxième maman, m'a beaucoup entourée, et Thomas a agi comme un grand frère.

Cela n'a pas été trop difficile de s'assumer à quinze ans ? Me retrouver seule à Marseille, aller travailler tous les jours avec des gens plus âgés, m'a fait grandir à une vitesse folle et m'a donné un peu plus confiance en moi. J'en avais besoin, car j'en manquais terriblement !

Quelle a été votre réaction la première fois que vous vous êtes vue à la télévision ? J'ai hurlé pendant une demi-heure ! Un grand moment de bonheur et d'appréhension… Au début, j'en faisais peut-être un peu trop, mais j'avais beaucoup de mal à m'accepter ; mon père m'a fait travailler pour que je m'améliore, que je garde ma spontanéité, ma fraîcheur et mon énergie.

Parmi vos plus beaux souvenirs, quelles séquences gardez-vous en mémoire ? Un fou rire avec Ambroise ! Dans cet épisode, on invoquait les morts et on riait tellement qu'on en pleurait. Du coup, la séquence, qui devait être sérieuse, a été maintenue telle quelle, avec un côté décalé.

Cette année, un événement important vous est arrivé : vous avez gagné le Trophée de la comédienne dans le cadre d'une manifestation où le public plébiscite les jeunes talents dans différents univers : télévision, cinéma, musique… C'est vrai, c'est la reconnaissance du public après un travail assidu fourni depuis maintenant quatre ans, et d'autant plus que j'avais des concurrents « balèzes » ! Remporter ce prix m'a donné une grande bouffée d'air, et la cérémonie a été très chaleureuse, un grand moment de bonheur !

On dit que la télévision rend belle… Vous sentez-vous plus jolie depuis que vous êtes dans *Plus belle la vie* ? Plus belle, non, mais je fais plus attention à mon apparence, peut-être… La série m'a appris

à m'aimer telle que je suis et à m'accepter en tant que jeune femme.

La popularité vous fait-elle peur ? Oui, j'ai eu très peur il y a quelque temps, justement, car j'ai été agressée par cinq types dans le métro à Marseille. Certaines personnes ont du mal à comprendre que je ne suis pas Johanna mais Dounia.

D'après vous, qu'est-ce qui fait fonctionner la série ? Le côté identitaire, les intrigues policières, les problèmes de la vie quotidienne, ce rendez-vous journalier avec Marseille et le soleil… C'est le cocktail qui a fait décoller l'audimat.

Pensez-vous déjà à l'après-*Plus belle la vie*? Forcément, il faut rester vigilant, se mettre un peu en danger, ne pas trop s'ancrer dans le rôle, ne pas faire le choix du confort par rapport à l'épanouissement professionnel et personnel. Le théâtre m'attire beaucoup…

Pour conclure, que diriez-vous de cette aventure ? J'ai découvert une seconde famille, je me suis construite à la fois en tant que personne et en tant que comédienne. C'est une expérience formidable, mais je ne dois pas oublier, maintenant, de voler de mes propres ailes !

Franck Ruiz

JEAN-CHARLES CHABACHGANIAN

Je rencontre Jean-Charles attablé au café Marly, situé dans l'une des ailes du musée du Louvre, à Paris : « J'aime cet endroit, me dit-il, car de cette terrasse on a une vue superbe sur le Louvre, sur la pyramide, sur la tour Eiffel, ainsi que sur le fourmillement des touristes. Il y a de belles pierres, du soleil (NDA : eh oui, ça arrive à Paris !) et en plus, on y mange bien ; voilà toutes les raisons pour lesquelles je viens souvent ici. »

CARTE D'IDENTITÉ

Formation : Ensatt ; classe supérieure d'art dramatique de la ville de Paris ; conservatoire municipal du centre de Paris-Alain Hitier

Cinéma : *Aram*

Courts-métrages : *Le Rêve d'Ezechiel ; Paris extérieur nuit ; La Vie commune ; Orly 18 h ; Flingues Party*

Théâtre : *Andromaque ; Quand les paysages de Cartier-Bresson ; Et jamais nous ne serons séparés ; Le Veilleur de nuit ; Kidâme ; Ici aujourd'hui ; Puisque tu es des miens ; Meurtre ; Le Plaisir ; Skinner ; J'aime pas l'été ; La Terre leur demeure ; Il marche ; Hegasi ; Lettres du front ; Le Misanthrope ; Le Plaisir ; Liaison dangereuse ; La Chambre blanche ; Arloc ; Une femme tuée par la douceur ; La Dispute ; L'Amour en Crimée ; Les Journalistes ; Zoo Story ; Les autres ne savent pas ce qu'ils disent ; Les Caprices de Marianne*

Télévision : *Équipe médicale d'urgence ; PJ ; Le Rouge et le Noir ; Poulet bicyclette*

Autres : hockey sur glace, équitation

Rémi Castillo : On va d'abord revenir sur vos jeunes années et sur l'endroit où vous êtes né, qui a eu, je crois, une incidence sur votre intérêt pour le monde artistique. Jean-Charles Chabachganian : Oui, car je suis né à Villeneuve-lès-Avignon, et je pense que cela a dû influencer mon parcours. En effet, dès l'âge de seize ans, j'ai commencé à m'intéresser au théâtre par le biais du festival d'Avignon.

Quel cursus scolaire avez-vous suivi ? Jusqu'en troisième, ça s'est très mal passé, car je n'aimais pas l'école : écouter les profs, faire mes devoirs… Après avoir redoublé et terminé ma troisième péniblement, alors que mon père, me questionnait sur ce que je voulais faire, j'ai répondu la première chose qui me passait par la tête : coiffeur ! Mes parents m'ont donc inscrit dans une école privée de coiffure… et c'est grâce à cela que j'ai découvert le théâtre.

Racontez-nous dans quelles circonstances. Dans le cadre de l'école, on nous a demandé de coiffer des artistes qui jouaient une opérette dans un auditorium de la ville, puis à l'opéra d'Avignon. Le metteur en scène avait besoin de figurants pour son spectacle, et j'ai donc commencé par là. Quelques mois plus tard, il m'a rappelé – il trouvait que j'avais une certaine présence sur scène –, il m'a demandé si je savais chanter, et c'est comme ça que je me suis retrouvé en train de chanter devant deux mille personnes sur la scène de l'opéra de Bordeaux. J'avais seize ans et ça a été pour moi une révélation.

Cette expérience a servi de déclic ? Oui, tout à fait. Encouragé par le metteur en scène, j'ai commencé à prendre des cours au théâtre du Chêne-Noir, à Avignon, et c'est là qu'un de mes profs, Jean-François Matignon, m'a conseillé de « monter à la capitale ». Il a alors rencontré mes parents, qui ont accepté de me laisser partir à Paris alors que je n'avais que dix-sept ans et demi.

Cela n'a pas dû être évident d'arriver si jeune à Paris ; y connaissiez-vous du monde ? Non, pas du tout. J'ai commencé par faire un stage de deux semaines au cours Florent, puis je me suis inscrit dans un conservatoire municipal avant de réussir le concours de la classe supérieure des conservatoires. Par la suite, j'ai obtenu le concours d'entrée à l'école de la rue Blanche et là, ça a été un enchantement.

Pendant toute cette période, comment faisiez-vous pour vous en sortir financièrement ? Mes parents m'ont soutenu et, en plus, j'ai toujours fait des petits boulots : vendeur d'électroménager, gardien de nuit au Conservatoire, barman au théâtre La Bruyère…

Vous avez dû vivre des moments intenses à cette époque de votre vie. Tout à fait. J'ai suivi les cours de l'école de la rue Blanche de 1991 à 1993, et j'y ai fait la connaissance de Gérard Lartigau, qui est un acteur magnifique. Il m'a beaucoup appris et ça a été une très belle rencontre, professionnellement comme humainement. À ma sortie de l'école, il m'a fait jouer trois fois au théâtre, dans *La Chambre blanche*, *Zoo story* et *Les Liaisons dangereuses*. Ensuite, tout s'est enchaîné : j'ai joué dans une quarantaine de pièces en quinze ans !

Et comment en êtes-vous arrivé aux tournages pour la télévision ? C'était une suite logique pour vous ? Non, pas du tout, ça a été le hasard des castings. Je ne devais pas être mûr pour la caméra auparavant.

Aujourd'hui, vous jouez pour la télévision ; les planches vous manquent-elles ? En fait, je n'ai jamais cessé le théâtre : j'ai joué dans deux pièces l'année passée, ainsi que dans une autre jusqu'en mars dernier. J'ai envie de garder ma liberté, le luxe de concilier le théâtre et la télévision. Pour moi, revenir sur les planches, c'est prendre une bouffée d'oxygène, parce qu'on se trouve face au public tous les soirs, on a le temps de travailler, tandis que lorsqu'on tourne pour la télévision, on n'a jamais le temps de rien : ça va toujours vite, donc on fait ce qu'on peut, mais c'est une véritable école de la frustration. Quand on coupe votre scène au montage et qu'on vous dit : « On passe à une autre séquence », on aimerait pouvoir recommencer, mais on ne vous laisse jamais le temps de mieux faire.

Quand et comment vous êtes-vous retrouvé sur le casting de *Plus belle la vie* ? La production m'avait repéré dans la série *PJ* et, lorsque j'ai été contacté, c'était pour un autre rôle que celui de Franck, mais je jouais au théâtre à ce moment-là. Quelque temps plus tard, on m'a proposé de passer un casting ; j'avoue avoir découvert la série seulement la veille, à la télévision.

Quelles ont été vos impressions ? Mes impressions avant de connaître le travail ne sont pas les mêmes que maintenant ; je trouve que, finalement, ce qui passe à l'image est assez miraculeux par rapport aux conditions de tournage, qui sont d'une rapidité extrême. Au départ, je devais apparaître seulement deux ou trois mois, et ça fait maintenant plus d'un an que je joue le personnage de Franck. J'apparais par intermittence et ça me convient très bien, car j'ai choisi ce métier pour la diversité, pour les rencontres, et pour ne pas avoir à subir tous les jours les mêmes contraintes. Je suis très content de quitter la série quand je pars et très content quand je reviens, je suis donc dans une bonne formule.

Vous souvenez-vous de votre réaction lorsqu'on vous a appris que vous étiez pris ? La même qu'après chaque casting : « pourquoi moi » ou « pourquoi pas moi » ? Quand on voit la manière dont on fait passer les castings aujourd'hui, on se demande quels sont les critères pour nous accepter ou nous refuser : on ne connaît pas le scénario, on nous donne une séquence et on est jugé sur quelques répliques seulement…

Quels souvenirs gardez-vous de votre arrivée à Marseille et de votre intégration dans une troupe déjà formée ? Je suis arrivé décontracté en apparence, mais bien évidemment un peu tendu

intérieurement, ce qui est normal lorsque l'on arrive dans un endroit qui n'est pas familier. Dans un premier temps, je suis toujours très observateur, puis je me livre au compte-gouttes.

Quelle ambiance règne sur le plateau ? Plutôt conviviale et chaleureuse. On est très vite mis à l'aise par l'équipe en place. Comme dans toute grande famille, il y a des gens que l'on aime bien, et d'autres que l'on apprécie moins. J'ai plus d'affinités avec les partenaires avec lesquels je tourne le plus de séquences, comme Cécilia Hornus (Blanche), Laurent Kerusore (Thomas), Michel Cordes (Roland) et Dounia Coesens (Johanna).

Parlez-nous un peu de votre rôle dans *Plus belle la vie* ; comment vous êtes-vous approprié le personnage de Franck ? J'ai eu beaucoup de chance avec le personnage : au début, c'est quelqu'un d'un peu renfermé, d'un peu rude, ce qui m'a permis de m'habituer en douceur au plateau, aux gens qui y travaillent, à l'équipe… Puis on apprend que Franck est comme ça parce qu'il a quelque chose de très grave à se reprocher ; on est alors parti dans une intrigue assez longue et dramatique ; enfin, maintenant, je suis revenu à un registre plus léger, proche de la comédie. Je suis désormais bien intégré avec ma femme, ma belle-fille, ainsi qu'avec le bébé qui vient de naître. Franck me permet d'aborder toute la palette des émotions du comédien.

Comment vous préparez-vous avant chaque tournage ? J'essaie toujours de voir dans une séquence ce qui peut ressortir du personnage, puis j'essaie de donner à chaque scène une énergie et une particularité. Il faut travailler, réfléchir à la situation.

Comment gérez-vous la notoriété qui entoure *Plus belle la vie* ? Plutôt bien. Il y a une notoriété assez rapide et assez forte, qui permet de se rendre compte que la série est regardée par un public nombreux et large, aussi bien en termes d'âge que de milieu social. Je m'y suis habitué d'autant plus vite qu'en général les gens que l'on croise dans la rue sont assez sympathiques.

Comment analysez-vous le succès de *Plus belle la vie* ? Tout d'abord, il y a Marseille, le fantasme de la ville méditerranéenne, toujours ensoleillée, avec la mer… Il y a aussi l'horaire : après les infos et toutes les mauvaises nouvelles qu'ils ont entendues, les gens ont envie de se détendre. C'est également l'heure du repas, et c'est une série que l'on peut regarder en famille : je suis sûr que, dans certains cas, c'est aussi un moyen, ensuite, de communiquer. Enfin, il y a une telle variété de personnages qu'il est facile de s'identifier à l'un ou à l'autre.

Pour vous, *Plus belle la vie*, c'est parti pour combien de temps ? Aucune idée ! Tant que ça tient comme ça, que je peux tourner à côté, continuer à jouer au théâtre, je ne vois pas pourquoi je changerais : la formule me convient bien.

De quoi avez-vous envie dans les années à venir ? De travailler avec des gens exigeants, comme Olivier Marchal ou Philippe Lioret, de jouer au théâtre des personnages comme le Misanthrope, de jouer pour la télévision dans des téléfilms de qualité.

Finalement, ce que vous aimez dans ce métier, c'est sa polyvalence ? Tout à fait, j'adore le côté caméléon du comédien : pouvoir passer d'un texte classique au théâtre à une comédie contemporaine à la télévision, ou à un drame au cinéma.

Mélanie Rinato

Aujourd'hui, Laetitia tourne en extérieur près du cours Julien, et je la retrouve dans l'espace « HMC » (habillage, maquillage, coiffure). « J'ai deux scènes à jouer avec Sofiane (alias Malik) et je dois être attentive à la fois à mon jeu et aux fans qui encerclent le lieu de tournage. »

Rémi Castillo : Tourner en pleine ville, avec les bruits que cela implique, n'est-ce pas trop déstabilisant ? Laetitia Milot : Un peu ! Ce n'est pas énervant de devoir refaire la scène à cause de ça, mais ça me gêne pour jouer ; je suis sensible à l'environnement et, lorsque je joue, je préfère que ce soit calme.

On va essayer de faire abstraction de la frénésie qui nous entoure afin de remonter le temps : au départ, vous étiez plutôt attirée par la danse ? En effet, j'avais vu un spectacle très jeune et j'avais été impressionnée par la scène, par la possibilité d'offrir des émotions aux spectateurs, y compris par la danse. Du coup, j'ai voulu être danseuse et j'ai fait de la danse classique en sport-études au conservatoire de Tours, puis à celui d'Aix-en-Provence. J'ai beaucoup aimé la danse et j'ai même atteint un bon niveau. Tous les matins, nous avions quatre heures de cours de classique ; les après-midi étaient consacrés à la danse ainsi qu'à d'autres disciplines artistiques comme le chant, le piano et la danse moderne. J'ai suivi ce cursus jusqu'au bac, et c'est en terminale que j'ai commencé le théâtre.

Pourquoi le théâtre, après toutes ces années de danse ? Des copines faisaient du théâtre et j'ai eu envie d'essayer, d'autant que je commençais à me lasser des contraintes imposées par la danse.

Mais vous pratiquiez ces deux activités en parallèle ; d'où vous vient cette boulimie ? J'ai toujours peur de me retrouver sans travail… Au début, le théâtre, c'était seulement une heure de cours par semaine, mais j'ai tout de suite accroché. J'ai réalisé que le théâtre aussi me permettait d'exprimer des émotions sur scène. J'ai laissé tomber la danse et je suis partie à Paris sur un coup de tête.

Comment vos parents ont-ils réagi ? Ils n'ont pas vraiment apprécié. Ils me voyaient déjà danseuse ou professeur de danse. J'ai commencé par me présenter à des castings, puis j'ai décidé de partir à Paris faire du théâtre.

Qu'est-ce qui a motivé votre décision ? Un agent, qui m'avait remarquée au cours d'une séance photos, m'a dit que, si je voulais aller plus loin dans ce métier, il valait mieux aller à Paris. Ma mère, qui

CARTE D'IDENTITÉ

Formation : cours Pygmalion, Montrouge, 2003 ; cours Florent, Paris ; conservatoire d'art dramatique, Paris ; cours d'art dramatique, compagnie Au fil de l'âme, Marseille ; cours d'art dramatique Rubanvert, Aix-en-Provence ; conservatoire Milhaud ; danse classique, contemporaine et moderne ; chant ; solfège (sports/études), Aix-en-Provence ; conservatoire, danse classique, contemporaine et moderne, chant, solfège et piano (sports/études), Tours

Cinéma : *Femme fatale ; La Vérité si je mens 2 ; Une vie à t'attendre*

Court-métrage : *Alors méfie*

Séries télévisées – téléfilms : *Un Homme en colère ; Toute la ville en parle ; Avocats et associés ; Une Femme d'honneur ; L'Ange de la mort ; Quai numéro 1* ; quatre sketches pour le *Vrai Journal*

Clips vidéo : *Au soleil ; Black pimp fada ; Je veux t'appartenir ; L'Envers du décor ; Mininabonita*

Spots publicitaires : SFR universal mobile ; Molsondry ; jingle pub sur France 2 ; Karl'sbeers ; Stop la clope

Modèle photos :
Galeries Lafayette ; dessous pour packaging grandes surfaces ; Aubade ; corsaire.com ; *Transtours* ; *Chasseur d'images* ; catalogue pour bateaux Honda ; catalogue prêt-à-porter coréen ; *Télé 7 Jours* ; *Rita York* ; *Excite* ; *L'Éclaireur des Coiffeurs* ; *Casting magazine* ; *Classic Tee*

Centres d'intérêt : théâtre, cinéma, danse

m'a toujours soutenue, m'a accompagnée la première semaine pour m'aider à m'installer. En revanche, je devais tout assumer moi-même, le cours Florent comme le loyer. Alors j'ai fait plein de petits boulots : des photos, hôtesse, caissière, vendeuse, figurante… C'était difficile, mais j'ai réussi, en passant des castings, à obtenir de petits rôles, et c'est comme ça que je me suis présentée à *Plus belle la vie*.

Parmi les moments importants d'avant *Plus belle la vie*, quelles expériences vous ont marquée ? Surtout ces mois de galère et les castings. Ce sont de bons souvenirs, une période qui m'a forgée et m'a permis de me rendre compte de ce qu'était vraiment le milieu. En termes de métier, je me souviens surtout d'un petit rôle dans *Une femme d'honneur*, avec Corinne Touzet.

Comment en êtes-vous arrivée à *Plus belle la vie* ? C'est Randy Saron, une des directrices de casting, qui m'a appelée pour me proposer le rôle de Mélanie, une serveuse mignonnette, un peu bimbo. J'ai fait des essais avec Michel Corde et Pierre Martot, et ça a marché tout de suite, on a ressenti des affinités immédiates. La série n'avait pas encore commencé et j'avais déjà un contrat de six mois. Au début, je n'avais pas grand-chose à faire, mais tout le monde, notamment Michel Corde et Colette Renard, a été adorable.

Vous souhaitiez qu'il y ait des similitudes entre votre personnage et vous ou préfériez-vous que vous soyez vraiment différentes ? J'ai toujours voulu une véritable distinction entre Mélanie et moi : on est là pour jouer, pas pour interpréter notre propre rôle. Ce que j'aime dans ce métier, justement, c'est pouvoir me glisser dans la peau d'autres personnages.

Vous disiez qu'au début, vous n'aviez pas grand-chose à faire, mais maintenant Mélanie a de plus en plus d'importance dans la série… Heureusement ! Les auteurs m'ont confié la première intrigue, très belle au demeurant, au bout de cinq mois, et là, j'ai vraiment pu montrer ce que j'avais dans les tripes.

As-tu donné aux auteurs des orientations sur ton personnage ? Oui, on a progressivement donné notre avis : au début, je trouvais Mélanie un peu trop maquillée, j'ai également demandé qu'elle soit habillée dans un style moins bimbo… Concernant l'évolution des personnages, on a participé à une réunion il y a quelques mois, durant laquelle on nous a sollicités.

Qu'avez-vous demandé ? Mélanie a déjà pas mal évolué, elle est moins naïve, notamment, mais j'aimerais bien qu'elle fasse autre chose parallèlement à son métier de serveuse : un job différent ou du bénévolat, comme s'occuper d'enfants malades.

Vous voudriez donc que Mélanie soit boulimique de travail… comme Laetitia ! Vous voyez qu'il y a des points communs entre vous ! (Elle éclate de rire.) Ce que nous avons en commun, c'est la gaieté et la joie de vivre. À part ça, je n'ai rien d'elle : ni la façon de réagir dans la vie, ni celle de m'habiller ou de me coiffer…

Quelles séquences vous ont le plus marquée depuis vos débuts ? Il arrive beaucoup de choses dans la vie de Mélanie et j'ai donc eu à jouer des scènes très différentes. Parmi les séquences que j'ai bien aimées, il y a eu celles de l'intrigue avec Anthony et les cauchemars, les tentatives de suicide de la mère de Mélanie… Ces scènes m'ont appris quelque chose sur moi et je me suis dit : « Ouah ! je suis capable de faire ça ! » C'est

comme lorsque j'ai joué la scène au cours de laquelle je me fais kidnapper ; j'ai découvert un potentiel inconnu et je me suis donc surpassée.

Vous estimez donc que vous avez progressé depuis vos débuts dans *Plus belle la vie* ? Oui, bien sûr. *Plus belle la vie* est une bonne école, on progresse tous, on gagne en naturel et en spontanéité.

On a compris que vous travaillez beaucoup et que vous êtes exigeante envers vous-même ; l'êtes-vous aussi envers les autres comédiens ? Entre nous, surtout entre les acteurs présents depuis le début, on se parle beaucoup ; si on trouve que quelque chose ne va pas, on se le dit, mais ça se fait dans une bonne ambiance. En ce qui concerne les nouveaux, il faut qu'on soit là pour les orienter, pour les aider à s'intégrer dans cette équipe déjà soudée.

Lorsque vous avez commencé à jouer dans *Plus belle la vie*, vous ne pouviez pas imaginer le succès que la série allait rencontrer ; comment l'analysez-vous ? On est tellement pris dans un tourbillon qu'on ne se rend même plus compte de tout ça. Ce qui a changé dans ma vie, c'est le fait d'être reconnue dans la rue : la popularité, ça fait plaisir. Je reçois des lettres très touchantes de personnes qui se confient à moi, car elles me considèrent un peu comme leur sœur. Quand je lis des mots comme : « Tu es notre rayon de soleil, tu nous apportes du bonheur », je suis vraiment heureuse, car c'est en même temps une reconnaissance de mon travail. Récemment, j'ai reçu la lettre d'un enfant qui venait de perdre sa mère et qui m'a écrit : « Quand je te vois à la télévision, je revis. » Il ne peut rien arriver de plus fort dans la vie d'un comédien ! Je reçois beaucoup de lettres de ce type et je réponds à toutes.

Par ailleurs, Laetitia, vous êtes une jeune mariée ; comment votre époux vit-il cette popularité ? Il la vit très bien ; je ne suis pas sûre que je la vivrais aussi bien dans le cas inverse ! (Rires) Il regarde le feuilleton et il me dit quand c'est réussi ou quand ça l'est moins ; c'est appréciable, car il est tout à fait sincère.

Qu'est-ce que vous envisagez pour les mois à venir ? Je me plais dans *Plus belle la vie*, je m'y épanouis pleinement ; en plus, la production est très tolérante en nous permettant de cumuler les activités ; alors, si tout continue comme ça, ça me convient parfaitement.

De quoi rêvez-vous aujourd'hui ? D'aller plus haut, de jouer dans des longs-métrages, d'interpréter une aventurière, une psychopathe !

Florian Estève

Franck Borde

C'est dans un café situé place de la Nation que Franck Borde me donne rendez-vous. Lorsque je lui demande pourquoi il a choisi cet endroit, il n'hésite pas un instant : « Parce qu'à Paris, un café est l'endroit idéal pour une rencontre. » Alors que nous nous installons en terrasse, nous entendons la clameur d'une manifestation qui se dirige vers nous. Justement, parmi les photographies que Franck a choisi de commenter se trouve le cliché d'une manifestation. Quelle bonne entrée en matière…

Carte d'identité

Formation : Studio-Théâtre d'Asnières, troupe de J.-L. Martin-Barbaz ; cours René-Simon, sous la direction de Chantal Brière

Stages: doublage et commentaire au Magasin, avec D. Beaudet, J. Barney et F. Dunoyer ; Casting agence Médiane, avec S. Touitou, D. Subtil, A. Dufrêne et N. Chéron ; Le comédien face à la caméra, training au centre Daviel

Courts-métrages : *Léa ; King of Management ; Chess ; L'Alibi*

Théâtre : *Vie et Mort d'Arpageon ; La Reine en amont ; Acqua Alta ; Lorenzaccio ; Gengis Khan ; Le Chemin des passes dangereuses ; La Jeune Fille, le Diable et le Moulin ; Gustavo ; Bérénice ; Les Fâcheux*

Télévision : *Boulevard du Palais ; Même âge même adresse ; Dalida ; Les Liaisons dangereuses ; L'État de Grâce.*
Spots publicitaires : Bouygues Telecom ; Crédit lyonnais

Rémi Castillo : Vous êtes arrivé dans la série il y a un peu plus d'un an. Pourquoi *Plus belle la vie* ? Franck Borde : Pendant des années, je n'ai pas été attiré par l'image, je me sentais très bien au théâtre. Un jour, j'ai participé à des courts-métrages au sein du collectif OYC et ça m'a plu. Du coup, j'ai commencé à passer des castings. Tous les deux mois, n'ayant pas d'agent, j'envoyais moi-même une cinquantaine de CV-photos à tous les directeurs de casting. Julien, le directeur de casting de *Plus belle la vie*, est un des seuls qui m'aient répondu ; c'est quelqu'un d'adorable. Il m'a d'abord proposé deux rôles pour lesquels je n'ai pas été retenu, mais la troisième offre a été la bonne.

Avec votre côté rebelle, cela n'a pas été trop difficile de vous intégrer dans une série populaire ? Je suis très content d'être dans *Plus belle la vie* justement parce que c'est une série populaire. Quand je fais du théâtre, j'aime la proximité avec le public. Quand les gens vous voient dans la rue, vous n'êtes pas le comédien inaccessible auquel ils n'osent pas parler, mais celui à qui l'on tape dans le dos parce qu'on le voit tous les soirs sur le petit écran. Pour moi, *Plus belle la vie* a été un heureux hasard.

Comment avez-vous appris que vous aviez été retenu pour tourner dans la série ? Je jouais la première d'une pièce de théâtre le soir même, j'ai reçu un appel en milieu d'après-midi. Sur le coup, j'étais très content, puis j'ai commencé à flipper, car c'était un milieu que je ne connaissais pas du tout et je sentais que j'entrais dans une grosse machine.

Vous êtes-vous remis en cause à ce moment-là ? Oui, ça a été une complète remise en question : serais-je à la hauteur du produit, du rythme de travail (très différent de celui du théâtre) ? Comment allais-je m'intégrer au sein d'une équipe déjà constituée ?

Vous souvenez-vous de votre premier jour de tournage ? C'était l'horreur ! J'espérais débuter en duo avec Laurent (on avait fait un essai qui s'était bien passé) et j'ai finalement commencé par une scène au *Mistral* avec tout le monde derrière ! Heureusement, c'est là que l'expérience de la scène peut être utile : on souffle, on temporise… On se met à maîtriser la situation ; et plus on avance, plus on grandit. J'ai appris énormément, et c'est loin d'être fini.

Qu'avez-vous découvert de plus important dans cette aventure ? Déjà, j'ai pris conscience de l'importance de la technique, très différente de ce que j'avais connu au théâtre, de la lumière, de la caméra, de la façon dont on est cadré, du rapport à l'autre dans le jeu…

Quel regard vos amis, et surtout vos parents, ont-ils porté sur votre carrière ? Tourner dans une série populaire m'a apporté une reconnaissance soudaine, alors qu'auparavant, quand je défendais des textes au théâtre, je ne ressentais pas cette reconnaissance. On peut jouer autant de pièces que l'on veut, il n'en reste pas moins difficile d'obtenir deux lignes dans un canard ! J'ai été réellement surpris par cette notoriété qu'apporte la télévision.

Je trouve amusant d'entendre des proches me dire : « Ah ! on ne savait pas qu'on avait un artiste dans la famille ! », tandis que, lorsque je jouais au théâtre, j'entendais plutôt : « Tu n'as pas envie d'avoir un vrai travail ? »

Comment vous imaginez-vous dans les mois, les années à venir ? Je ne vais pas aussi loin dans le temps ! Je me suis fixé trois objectifs pour 2008-2009 : continuer *Plus belle la vie* et progresser ; jouer une pièce de théâtre (ce que j'ai fait en janvier dernier) ; interpréter un autre personnage à l'écran et rencontrer d'autres comédiens, d'autres équipes…

Comment travaillez-vous le personnage de Florian ? Je passe beaucoup de temps sur les textes. Je les relis plusieurs fois, puis j'isole ce que je veux faire dans la scène. Maintenant que le personnage de Florian est bien installé, je n'ai plus qu'à le faire évoluer en suivant l'intrigue. J'aimerais pouvoir jouer un juge d'instruction plus sûr de lui, un juge à poigne, et j'ai demandé au directeur d'acteurs d'agir dans ce sens-là.

Quels sont vos meilleurs souvenirs de tournage ? Les rencontres humaines et artistiques, comme celle que j'ai eue avec Laurent Kerusore. Lorsqu'on joue tous les deux, on sent que « ça marche ». Je me rappelle particulièrement le deuxième essai réalisé avec lui : il dégageait quelque chose d'entier, une très belle énergie, et je me suis dit : « Je n'ai plus qu'à me laisser porter ! » Une autre belle rencontre a eu lieu avec Clémentine Domptail, qui joue le rôle de Patricia, ma sœur dans la série. C'est quelqu'un que j'aime beaucoup et avec qui j'adore jouer. En plus, étant donné que je suis fils unique, elle représente vraiment la sœur que j'aurais aimé avoir.

En tant que comédien, vous dites-vous : « Grâce à *Plus belle la vie*, je suis arrivé à quelque chose » ? Je me dis plutôt – cela peut paraître pessimiste mais ça ne l'est pas : « Au moins, j'aurai connu ça. » Si demain il m'arrive une tuile, j'aurai connu le théâtre, les tournages, et fait de belles rencontres.

Si j'avais une baguette magique qui vous permette de réaliser vos rêves, que désireriez-vous ? Dans les années à venir ? Un pied-à-terre à Paris, une belle maison en Bretagne avec un petit studio d'enregistrement pour y faire des voix et pouvoir préparer tranquillement les textes que j'ai choisis.

Si Florian avait une question à poser à Franck, que lui demanderait-il ? Peut-être : « Pourquoi ne me laisses-tu pas tranquille ? Fais-moi confiance et laisse-moi vivre ! »

COMMENTAIRE DES PHOTOS

Le hasard faisant bien les choses, je remarque que vous avez apporté la photographie d'une manifestation. Ce choix vient-il de votre côté un peu rebelle ? Oui, j'étais rebelle lorsque j'étais plus jeune, j'avais un besoin violent de prendre la parole. Je crois que c'est pour cela que j'ai fait du théâtre. En plus, quand on regarde la photo, on réalise qu'une manifestation, c'est très beau. Cette soif de liberté qui s'exprime, ce feu de joie ont un côté très festif. Il s'agit d'une manifestation qui a eu lieu en Bretagne, à laquelle je participais. Lorsque j'étais jeune, j'adorais les opérations coup-de-poing. Avec mes camarades, on a fait des trucs énormes, comme se menotter à des grilles de préfecture pour empêcher les gens de sortir, ou s'allonger sur les routes.

Je vois une photographie de pont. C'est à Bordeaux, d'où vous êtes originaire ? Il s'agit du Pont de pierre de Bordeaux, qui est une très belle ville. Je suis né en Allemagne, à Trèves, où mes parents, qui étaient militaires, avaient été mutés. Après un bref passage par Lyon, je suis arrivé à Bordeaux, où j'ai fait de l'équitation de six à quinze ans. Je suis ensuite parti dans un lycée agricole situé dans le Lot-et-Garonne pour suivre un enseignement en sport-études équitation.

On sent que cette discipline compte beaucoup pour vous; d'ailleurs, vous avez apporté la photographie d'un cheval… C'est Gémini, un cheval que nous avons sauvé de la boucherie. J'avais alors dix ans et ça a été l'une de mes premières révoltes. Lorsque l'on connaît un cheval depuis quatre ans et qu'un beau matin on apprend qu'il va partir à la boucherie, on ne comprend pas ! Le club entier s'est soulevé pour acheter Gémini afin de le sauver. On a organisé des collectes et on a réussi à acheter le cheval.

Vous vous êtes servi de l'équitation pour fuir le cocon familial ? « Fuir », c'est un peu fort. J'avais plutôt besoin d'émancipation, de découvrir la vie par moi-même. L'internat, pour ça, a été génial : pas d'adultes sur le dos, à part les profs dans la journée ! C'est là que j'ai fait mes plus grosses conneries. Dès la deuxième semaine, j'ai été mis à la porte car le mercredi après-midi, avec des potes, on avait fait le mur pour boire des bières et fumer des pétards. D'ailleurs, l'image suivante montre le lycée agricole de Nérac, mon premier internat.

On passe ensuite à une photographie de Bretagne… Le lycée agricole de Nérac ne me convenait pas du tout, car il ne proposait que le brevet de technicien agricole. J'ai voulu intégrer une filière générale dans un lycée agricole. Avec ses légendes, ses paysages, la Bretagne m'attirait, j'ai alors décidé d'y poursuivre ma scolarité.

C'est de cette époque, précisément, que date le cliché que nous regardons en ce moment ? Oui, j'étais avec mon groupe de potes du lycée où je suis resté deux ans et demi. Puis je suis parti dans un lycée privé catholique – ce qui n'était pas une bonne idée. J'ai tenu un trimestre ! Deux ans plus tôt, j'avais découvert le théâtre et le fait que c'était un excellent moyen de prendre la parole, de monter sur scène et de rencontrer des textes. J'ai donc décidé de « monter à Paris ».

Quelle a été la réaction de vos parents ? Racontez-nous votre arrivée dans la capitale. Bien évidemment, mes parents étaient contre ce choix, mais j'étais déterminé et je suis parti avec ma valise. Pendant un an, j'ai fait des petits boulots pour payer ma chambre de bonne de sept mètres carrés puis, une fois remis à flot, je me suis inscrit au cours Simon.

Comment avez-vous été accueilli dans la famille du théâtre, où vous n'aviez ni références ni relations ? Au cours Simon, on était vraiment très nombreux et il fallait se battre pour monter sur scène. D'ailleurs, à la sortie, très peu d'élèves sont restés dans le métier. C'est à ce moment-là que j'ai rencontré Ambroise Michel, qui tient le rôle de Rudy dans *Plus belle la vie*. On a joué notre première pièce de théâtre ensemble, *Bérénice*, à l'issue de cette formation. Une chose est sûre : ces deux années n'ont pas été inutiles, elles m'ont appris à gagner ma place.

Par moments, cela a dû être difficile et compliqué. Qu'est-ce qui vous a donné la foi pour continuer ? J'ai découvert les textes, ainsi que cette espèce de violence qu'il y a à monter sur scène – car c'est très violent de monter sur scène. J'ai retrouvé les sensations que j'avais connues en équitation : une préparation sur plusieurs mois dans un objectif de compétition et celle qu'implique le fait de jouer au théâtre sont comparables. Lorsqu'on y est, on ressent la même poussée d'adrénaline…

Quel parcours avez-vous suivi après le cours Simon ? J'ai été reçu sur concours au Studio-Théâtre d'Asnières. On était beaucoup moins nombreux et, pendant deux ans, j'ai travaillé en alexandrins et j'ai fait de la danse et du chant. Après, j'ai eu la chance de bosser tout de suite au théâtre et d'obtenir ainsi le statut d'intermittent du spectacle. J'ai également expérimenté le théâtre en entreprise ainsi que les spectacles pour enfants.

OSEZ LE CIVISME !
DEVENEZ
CITOYEN
VOLONTAIRE

Mirta Torres

C'est sur la Corniche surplombant Marseille que se trouve la maison de Sylvie : « Elle est tout en longueur, comme un wagon du Paris-Pékin. En contrebas, une petite terrasse ouvre sur la mer et ses levers de soleil magnifiques. » Dans le salon, je tombe sur quelques très jolies photographies que Sylvie affectionne particulièrement : ses nièces en demoiselles d'honneur, fascinées par on ne sait quoi, sa chatte siamoise, Iris, debout sur les touches d'un piano, telle Clara Schumann décryptant une partition, la goélette de son père toutes voiles dehors, et son arrière-grand-mère, une granny iconoclaste qui lui a appris ses premières grimaces et lui a sûrement donné l'envie de devenir comédienne.

Rémi Castillo : Avant d'évoquer votre parcours artistique, pouvez-vous nous brosser un portrait de Sylvie enfant ? Sylvie Flepp : J'ai grandi à Saint-Cloud, en région parisienne, au sein d'une famille de sept enfants. Il fallait trouver son créneau pour s'imposer, d'où mon élocution précipitée. J'étais un clown, je faisais rire tout le monde, mais, en réalité, j'étais plutôt timide. Comme beaucoup de petites filles, je rêvais de devenir danseuse. Pourtant, à treize ans, j'ai eu la chance d'aller voir *Carmen* à l'Opéra-Garnier et j'ai eu une révélation : j'ai su que je deviendrais comédienne.

Je crois que vous n'avez pas osé le dire tout de suite à vos parents ; étiez-vous à ce point introvertie ou complexée ? Non. En fait, je voulais surtout leur prouver que j'en étais capable. Je faisais du théâtre à l'école et j'allais régulièrement, avec ma ribambelle de frères et sœurs, aux matinées classiques de la Comédie-Française. Après mon bac, j'ai dit à mes parents que je désirais m'orienter dans cette voie et, comme la plupart des parents qui ne sont pas du « milieu », ils m'ont demandé de poursuivre d'abord mes études.

Avez-vous été rebelle ? J'avais un esprit de contradiction très poussé : à l'école, je défendais les idées de mes parents et, à la maison, j'étais contre tout ce qu'ils disaient ! J'ai suivi une école de journalisme pendant trois ans et, après un an de piges et de « vaches maigres », je me suis enfin lancée dans la comédie. À vingt-trois ans, je montais ma première pièce : *Pinter and Co*, au Bec fin, où j'ai remporté mon premier succès.

Carte d'identité

Cinéma : *L'Œil du maître ; Le Mur ; Debout les crabes, la mer monte ; L'Amour ou presque ; Les Carnets d'un buveur ; Les Années sandwich ; Une affaire de femmes ; Tolérance ; La Révolution française « Les Années terribles » ; Faux et usages de faux ; Betty ; Dernier Stade ; Place Vendôme ; Le Cœur du mensonge ; La Maitresse en maillot de bain ; Paris selon Moussa*

Théâtre : *La Nuit du furet ; Penalty ; Pinter And Co ; La Famille Fenouillard ; Les Clients ; L'Éloignement ; L'Augmentation ; Drôle de couple ; Pièces détachées ; La Maison Tellier ; La Jalousie*

Télévision (tournages les plus récents) : *Anne Le Guen, « Fatalité » ; Julie Lescaut, « Le Fil du rasoir » ; Après coups ; Mirage noir ; Tous ensemble ; Justice ; Passeur d'enfants à Lisbonne ; Maigret voit double ; L'Ami de Patagonie ; PJ ; Toute la ville en parle ; Un homme à défendre ; Men Fall ; Commissariat Bastille ; Docteur Cosma ; Âge sensible ; La Vie devant nous, « La Rentrée », « Au pied du mur » ; sœurtherese.com ; Père et Maire ; Juliette Lesage ; Médecine pour tous, « Précautions d'emploi » ; Maigret, « L'Ombre chinoise » ; Les Montana ; Boulevard du Palais, « Mauvaise Pente »*

Justement, quels moments marquants ont sillonné votre carrière de comédienne? Après quelques pièces montées au café-théâtre avec des copains, j'ai joué dans plusieurs spectacles sous la direction de Bernard Murat, avec des monstres sacrés comme Jean Poiret, qui m'a initiée à l'art de la spontanéité et de l'improvisation sur scène. J'ai fait de la télévision et du cinéma, dont trois films avec Claude Chabrol. J'ai eu également beaucoup de plaisir à travailler avec des amis talentueux comme Daniel Besse, qui est un auteur moderne et cinglant. En 1991, après une année difficile, un ami producteur m'a encouragée à me lancer dans la réalisation d'un court-métrage dont je venais d'écrire le scénario. J'ai donc réalisé *Décroche, Pénélope*, une comédie douce-amère dont j'interprétais le rôle principal, celui d'une femme amoureuse, désemparée mais pas déboussolée, poursuivant avec enthousiasme la quête du mouton à cinq pattes. Ce court-métrage a obtenu de nombreux prix, ce qui m'a permis d'en écrire et d'en réaliser un deuxième: *Sept ans et demi de réflexion*, qui m'a offert le premier prix d'interprétation à Brest. J'ai ensuite coécrit deux scénarios de long-métrage avec mes amies auteurs, Chantal Alves Malignon et Sylvie Vincent – longs-métrages qui ont bien failli être montés… seulement *failli*!

Et comment est arrivé *Plus belle la vie*? D'une façon amusante: un jour, mon agent m'a demandé si j'étais prête à partir travailler à Marseille pour six mois, voire un an. Je sortais tout juste d'une tournée et m'apprêtais à répéter pour la rentrée une pièce de Chantal Alves Malignon, *La Femme placard*, au théâtre Hébertot, mais je me disais que passer une audition ne me ferait pas de mal. Et puis, je

« Ma nièce en Bretagne en "petite Maryline" (référence à la photo bouche d'égoût). »

« Mes nièces fascinées par un orgue lors d'un mariage. »

« Mon arrière-grand-mère façon Sarah Bernhardt. »

« Sur le tournage de *Décroche Pénélope*, je rejette les avances du personnage joué par Gilles Gaston-Dreyfus. »

trouvais le personnage de Mirta, tout en coups de cœur et coups de gueule, plutôt sympathique. Bien m'en a pris, car la pièce ne s'est montée que deux ans plus tard.

Au début, la série n'a pas fonctionné ; d'après vous, pour quelles raisons ? Cette allégation a le don de m'agacer : ça n'a pas marché durant trois mois seulement ! Il fallait laisser au feuilleton le temps de s'installer !

Votre profil de comédienne-réalisatrice ne vous a-t-il pas donné envie de travailler avec les auteurs, afin de donner une dimension nouvelle à Mirta ? Quand je suis comédienne, je ne me mêle pas du travail des scénaristes. Bien qu'au fil du temps, on vit tellement avec son personnage qu'on le connaît presque mieux que les auteurs. Et on serait tenté d'y mettre son grain de sel…

Comment ont réagi vos parents en regardant *Plus belle la vie* ? Mes parents ne sont pas de grands « téléphages » ; ils ont été assidus pendant six mois et puis, un soir, mon père s'est écrié : « Mais… c'est comme les cheveux d'Éléonore, ce feuilleton ne s'arrêtera donc jamais ! »

Et vous, regardez-vous le feuilleton ? Bien sûr, ça m'amuse de suivre l'histoire et de voir mon travail ainsi que celui de mes camarades. Mais, comme la plupart des acteurs, j'ai beaucoup de mal à me voir à l'écran.

Pensez-vous que les auteurs ont adapté Mirta à la personnalité de Sylvie ? Oh, sans doute ! Mais ils n'ont pas toujours raison. J'aspire à plus de douceur, moins de précipitation. D'ailleurs, je propose aux auteurs d'ajouter quelque calmant à la tisane de Mirta !

Luna Torres

ANNE DÉCIS

C'est dans le bureau où se réunissent les personnes chargées d'organiser les castings que je retrouve Anne pour notre interview. Pourquoi cet endroit ? « Parce ce que j'aime m'y ressourcer et y retrouver mes amis. Il y a toujours une bonne ambiance, c'est un lieu d'échanges et de discussions, avec les dernières nouvelles, les petits potins... Ici, je me sens parfaitement bien ! »

Rémi Castillo : Avant d'en savoir plus sur votre arrivée dans *Plus belle la vie*, évoquons votre jeunesse... Anne Décis : Je suis née à Paris, puis mes parents sont partis vivre à Draguignan, où j'ai suivi ma scolarité jusqu'au Bac. Ensuite, je suis venue à Cannes suivre des cours dans une école de théâtre.

Enfant, que vouliez-vous faire ? Quand j'avais six ans, j'en avais tellement marre qu'on me pose cette question que je répondais chaque fois « écuyère »... parce que j'avais vu la photo d'une écuyère très jolie dans un livre sur les métiers ! À l'âge de onze ans, j'ai commencé à faire du théâtre au collège et, très vite, j'ai eu envie d'en faire mon métier. Les cours de théâtre, puis ceux que j'ai suivis dans une compagnie à Fréjus, ont renforcé ce désir. Durant les années du lycée, je faisais jusqu'à huit heures de théâtre par semaine, c'était galvanisant ! Après le bac, j'ai tenté le concours d'entrée à l'École régionale d'acteurs de Cannes (Erac).

Quelle a été la réaction de vos parents ? Même s'ils étaient inquiets à cause du côté instable de cette profession, ils m'ont laissée tenter ma chance et m'ont toujours soutenue. Les deux années passées à l'école de Cannes ont été formidables : il y avait une bonne ambiance, on ne faisait que travailler, jouer ; j'apprenais tant de choses ! J'en garde un très bon souvenir, même si j'étais encore un peu immature.

Que conseilleriez-vous à un jeune qui voudrait faire ce métier ? De passer d'abord son bac, d'être sûr de sa passion, de ce qu'il souhaite vivre, et d'être endurant.

Quel est le secret de votre réussite ? Je ne réfléchis pas du tout en termes de réussite ; mon métier est une succession d'expériences, bonnes ou moins bonnes, et un long apprentissage. En ce moment, je me consacre entièrement à *Plus belle la vie*, mais demain, tout peut arriver, rien n'est jamais acquis.
Devenir comédienne était pour moi une évidence, j'ai donc tout fait pour rencontrer les bonnes personnes et faire mon travail de la manière la plus rigoureuse possible. Ma famille et mes amis m'ont énormément soutenue durant cette période. Et puis... la chance ! Ça, on ne peut pas le maîtriser...

CARTE D'IDENTITÉ

Formation : studio Pygmalion, stage Master-Class ; stage sur *Woyzeck* de Buchner dirigé par Claude Régy ; 8e Rencontres internationales du théâtre méditerranéen à Delphes ; École régionale d'acteurs de Cannes ; Prix Jeune Talent

Cinéma : *Allez viens ! ; Quatre garçons pleins d'avenir*

Courts-métrages : *90 C ; De toute mon âme ; Crabes et Langoustines*

Théâtre : *Falesa ; Mais n'te promène donc pas toute nue ! ; Cabaret révolutionnaire ; Les Précieuses ridicules ; Cabaret minuscule ; Sextuor, Banquet ! ; Sallinger ; Maquillages,* soirées d'improvisation *; Topaze ; Matériau ; La Ronde*

Télévision : *Sous le soleil ; Traquée ; Table rase ; Quatre Copains ; Éphémérides du travail ; Les Rois de Marseille*

Vous viviez à Paris à cette époque ? Oui, mais aussi chez mes parents, à Grenoble, à Aix-en-Provence, à Avignon, et en tournée. J'ai eu des périodes de doute et d'angoisse, mais je me suis construite avec le théâtre et j'ai finalement trouvé ma place.

Pouvez-vous évoquer quelques moments clés de votre période dite de « construction ». À vingt ans, lorsque j'ai essayé de travailler, j'ai pris de plein fouet la réalité d'un comédien à la recherche d'un travail. Dur, dur... Tout à coup, je ne voyais plus le côté ludique du métier, mais le quotidien, la lutte permanente pour décrocher un engagement. Cette prise de conscience a été une épreuve, un premier moment fort. Ensuite, cinq ans plus tard, j'ai joué plus de cinq cents fois *Mais n'te promène donc pas toute nue* de Feydeau, en France et à l'étranger. C'était la première fois que je prenais vraiment confiance en moi, en mes capacités ; je trouvais ma place, j'étais reconnue dans ce métier ! Parallèlement, j'ai rencontré une troupe d'Aix-en-Provence, le théâtre du Maquis, avec laquelle je travaille régulièrement depuis dix ans ; c'est une vraie famille d'artistes. En 2003-2004, nous avons créé le spectacle *Falesa,* d'après Stevenson (car le titre de Stevenson est *Ceux de Falesa*), et nous l'avons joué à l'étranger. C'est une compagnie qui compte beaucoup pour moi, qui m'a toujours fait confiance et qui est demeurée très fidèle !

Alors, comment vous êtes-vous retrouvée au casting de *Plus belle la vie* ? J'avais d'abord passé un petit bout d'essai, puis deux, puis trois, et, finalement, on m'a proposé d'interpréter Luna. Du coup, j'ai tout largué à Paris et je suis venue m'installer à Aix-en-Provence pour une durée que je pensais provisoire. J'ai commencé le tournage sur les chapeaux de roue !

Pour parler de Luna, comment avez-vous endossé ce rôle de maman plus âgée que vous ? Je craignais que cela ne soit pas crédible, car Ambroise, qui joue mon fils, n'a que sept ans de moins que moi et nous entretenons des rapports copain/copine plus que mère/fils. Mais bon... finalement, c'est comme au théâtre, on accepte la convention !

Quelles ont été vos premières impressions ? J'ai été impressionnée par le décor, car tous les détails sont vraiment très soignés. *Plus belle la vie* est tourné sur un énorme plateau de jeu, avec cinquante personnes autour de vous qui filment, prennent le son, gèrent les éclairages...

Comment travaillez-vous votre personnage ? La méthode a beaucoup évolué car je le connais bien maintenant ; j'apprends mes textes la veille des tournages. La mémoire, c'est comme un muscle, ça se travaille, et maintenant je vais de plus en plus vite.

Cette année, on a fêté la 1 000e ; si vous regardez dans le rétroviseur, avez-

vous en mémoire des moments forts ? Pour l'instant, je retiens surtout mes relations privilégiées avec les comédiens et les techniciens ; ainsi que les fous rires avec Sylvie, Ambroise… On se connaît tellement bien qu'on se comprend d'un seul regard. Je pense à Cécilia, aussi, qui est devenue une véritable amie. Je ne pourrai réellement répondre à cette question que le jour où je quitterai la série !

Après une séquence intense, comment faites-vous pour revenir à la réalité ? Quand j'ai fini de jouer, je cherche le calme en m'isolant un peu, ou, au contraire, le bruit et le quotidien du boulot, car j'ai besoin de redescendre sur terre, de « sortir » de mon rôle. En revanche, après un fou rire, j'ai énormément de mal à me calmer… Je ne peux pas m'empêcher d'avoir une vision caricaturale ou ironique des choses, c'est comme ça, c'est ma nature, mais, sur un plateau, c'est ce que je dois maîtriser en premier.

Donnez-vous votre avis sur le look de votre personnage ? Les chefs costumières nous consultent pour le choix des vêtements, elles ne nous imposent rien ; on fait même du shopping avec elles !

Vous imposez-vous certaines contraintes vis-à-vis du personnage de Luna ? Non, pas vraiment, si ce n'est de toujours penser à son côté rock and roll et de lui être fidèle…

Regardez-vous souvent la série ? Au début, je la regardais tous les jours, pour analyser le résultat, ajouter ou gommer certains aspects. Je suis moins critique aujourd'hui, je m'accommode de ma voix, de mon rire, de mon physique. Il faut arriver à se débarrasser de son image. C'est quasi impossible, mais il faut y parvenir quand même !

Il y a votre propre jugement, mais aussi celui de vos proches, de vos amis… C'est évidemment important. Mes parents sont très fiers et très heureux pour moi ! Quant à mes amis, certains ne regardent pas la série car ils ne l'apprécient pas forcément. C'est un point de vue que je respecte, bien sûr.

La popularité engendrée par *Plus belle la vie* ne vous fait-elle pas regretter parfois l'anonymat ? Je comprends l'intérêt que les gens peuvent porter à Luna, mais ce n'est pas toujours facile de gérer leur curiosité. Par exemple, je ne supporte pas qu'on essaie de suivre mes conversations au restaurant. Je suis naturelle, je refuse d'être toujours en représentation et de devoir donner en permanence une image glamour. Les personnages de *Plus belle la vie* sont dans les salons des téléspectateurs tous les soirs, mais les comédiens n'appartiennent pas au public. Ceci dit, je suis une très grande privilégiée ! J'en ai bien conscience, et donc les agacements finissent par passer…

Ambroise Michel

Rudy Torres

« En ce moment, je passe mes journées en studio, pour le montage et l'étalonnage du court-métrage que je prépare, et mes nuits dans un petit local devant des ordinateurs ; alors, dès que je peux concilier mes activités professionnelles et un peu de décontraction, je profite de ce petit carré d'air frais propice à la respiration », me confie Ambroise pour m'expliquer la raison pour laquelle il a choisi de me rencontrer dans la cour intérieure des studios – un petit espace de détente où se retrouve l'équipe pour s'en griller une...

Rémi Castillo : Commençons par vos origines. Petit, vous aimiez déjà le grand air ? Ambroise Michel : Oui. J'ai été élevé à la campagne, dans un lieu-dit proche de Coulommiers, en Seine-et-Marne. Je suis de cette génération d'enfants qui vivaient au grand air, qui construisaient des cabanes, très éloignée de celle d'aujourd'hui, qui passe son temps à envoyer des SMS...

Comment vous est venue cette envie de devenir comédien ? Quand j'avais entre cinq et dix ans, ma sœur me mettait en scène lors de fêtes et de spectacles organisés par nos parents : j'imitais les Nuls ou les Inconnus. Ma sœur m'a convaincu d'essayer de devenir comédien et mes parents m'ont fait prendre des cours de théâtre. Ensuite, j'ai rejoint la compagnie des Sales Gosses tout en poursuivant les cours pendant un an, à Paris. Au Bataclan, j'ai joué le rôle que tenait Michel Piccoli dans *Le Prix du danger* d'Yves Boisset.

Vous avez démarré très tôt. Vous sentiez que vous étiez fait pour ce métier ? Oui, c'était presque une évidence, comme une suite logique dans mon exigence. Avec les Sales Gosses, j'ai joué à l'Olympia, à la Gaîté-Montparnasse, au Café de la danse ainsi que dans plusieurs autres salles. Vivre à onze ans dans l'ambiance des tournées, c'était formidable !

Et les études dans tout ça, comment faisiez-vous ? Après mon bac, j'ai suivi un double cursus artistique : une formation théâtrale pendant quatre ans au cours Simon et, en parallèle, une maîtrise de cinéma. Certains jours, c'était la course : je donnais des cours de théâtre chez mes parents, puis je partais au cours Simon.

Vous faisiez déjà preuve d'une véritable boulimie... Oui, car j'ai toujours l'impression d'être en retard ! J'aime faire les choses lorsque j'en ai envie, et comme je suis ambitieux, je mets la barre de plus en plus haut. C'est la raison pour laquelle j'ai créé ma boîte de production à vingt-six ans. Actuellement, je suis cadreur pour un documentaire sur les SDF de Toulon.

Pourquoi ce sujet ? Je suis curieux de la nature humaine et je trouve intéressant de rencontrer des gens qui

Carte d'identité

Formation : cours René-Simon ; stage d'improvisation au cours René-Simon dirigé par Christine Giua ; cours de théâtre au sein de la compagnie Les Sales Gosses

Théâtre : *Littoral ; Bérénice ; La guerre de Troie n'aura pas lieu ; Jacob Jacobson ; Quand les sales gosses les imitent ; Les Misérables ; Le Prix du danger*

Télévision : *Adèle et Kamel ; Suite en ré* ; épisode-pilote de *Le Grec ; Fugue en ré*

Expériences complémentaires : professeur de théâtre pour des enfants de 11 à 15 ans à Rebais ; mise en scène et auteur de *Bienvenue à bord* ; mise en scène et auteur de *Prêts pour l'« Action ! »* ; assistant réalisateur pour *Courrier du cœur* ; professeur de théâtre pour des enfants de 7 à 11 ans dans la compagnie Les Sales Gosses

n'ont pas le même mode de vie que moi. J'essaie de comprendre leur vision de la société, leur résignation pour certains…

Que vous apporte cette expérience ? J'apprends ! Leur manière de penser, de réagir, m'intéresse. Cela me permet de garder les pieds sur terre, car le métier de comédien est fait d'illusions et de désillusions. De façon générale, j'apprécie les expériences en lien avec les gens, où il y a de la vie…

Finalement, vous désirez toucher à toutes les facettes de la profession. Oui, et vu que je m'intéresse à la réalisation, je veux être polyvalent. Pour être réalisateur, il faut être prétentieux, mais je veux avoir une prétention justifiée ! Je veux, pour diriger des gens, les convaincre que mon projet est techniquement réalisable ; c'est la raison pour laquelle, par le passé, j'ai été aussi bien maquilleur pour effets spéciaux que premier assistant, chef-décorateur, éclairagiste… Le métier de comédien nécessite d'avoir des bases et ce que j'appelle les trois tiers : un tiers de talent, un tiers d'humilité et un tiers de travail.

Vous êtes l'un des piliers de *Plus belle la vie* ; quel regard portez-vous sur cette série, qui a fêté son millième épisode cette année ? Je fais partie des acteurs du début, au moment où la série n'avait pas encore décollé ; puis le succès est venu grâce, notamment, à une démarche plus « commerciale ». *Plus belle la vie* me fait vivre et rencontrer des gens, c'est mon travail, ce n'est pas une passion. Pour moi, il s'agit d'un tremplin, d'un plateau de formation et d'expérience plutôt que d'un projet en soi.

Votre personnage, Rudy, n'a-t-il pas, par moments, dépassé Ambroise ? Complètement, quoique… comme j'ai beaucoup d'autres activités en parallèle, on s'intéresse de plus en plus au comédien et on m'appelle de plus en plus souvent Ambroise ! Je suis fier d'être reconnu pour mon travail et non pour mon personnage. En revanche, auprès des producteurs de longs-métrages, c'est plus difficile : on engage tel acteur non parce qu'il est bon, mais parce qu'il « marche » bien.

Quels sont les avantages et les inconvénients à jouer dans *Plus belle la vie* ? Beaucoup d'avantages, notamment en termes de sociabilité, car plus jeune j'étais très timide et sauvage. J'ai toujours été très curieux et ouvert d'esprit, mais je n'allais pas trop vers les gens, je ne faisais pas le premier pas. *Plus belle la vie* m'a permis de prendre confiance en moi.

Êtes-vous angoissé lors des tournages ? Non, sauf parfois avec un nouveau partenaire si le feeling n'opère

pas, mais quand l'échange fonctionne, c'est génial : on apprend et on nous apprend, comme ç'a été par exemple le cas avec le comédien qui joue le rôle de mon père dans *Plus belle la vie*.

Comment votre famille vit-elle votre ascension, votre évolution ? Mes proches sont très fiers, et c'est très important pour moi. J'ai envie de leur prouver que tout va bien, que j'ai fait les bons choix.

Au cours de notre interview, on découvre le comédien, mais aussi une personnalité très fragile, très pudique ; êtes-vous réconcilié avec vous-même aujourd'hui ? De plus en plus… Je vis des périodes un peu particulières et compliquées sur le plan sentimental, car je veux garder mon indépendance. Aujourd'hui, je suis essentiellement dans une phase de travail : d'après les cartes, je suis en train de construire « mon empire » et il passe par *Plus belle la vie* ! J'ai beaucoup de respect pour la série et pour tout ce qu'elle m'apporte d'expériences.

Qu'est-ce qu'Ambroise aurait envie de dire à Rudy ? Il y a quelque temps, j'avais envie qu'il parte ailleurs, qu'il fasse tout et n'importe quoi, qu'il devienne méchant. Finalement, j'aime bien qu'il reste le même parce que, du coup, ça me permettra de surprendre dans d'autres rôles.

Comment vous voyez-vous dans quelques années ? Je ne serai peut-être plus en France ! C'est trop compliqué d'un point de vue culturel et artistique : on n'est pas très avant-gardiste ici ! À l'heure actuelle, je travaille sur un projet de programmes courts qui se déroulent dans un univers très particulier, très cynique, très sombre, mi-français, mi-américain. Donc, j'espère que d'ici cinq ans ce projet verra le jour…

Estelle Cantorel

« J'ai choisi de vous retrouver cours Julien, me confie Élodie, car c'est un endroit que j'affectionne particulièrement à Marseille : on y trouve ce concept store au cadre très sympathique, à l'ambiance jeune et dynamique, où sont fréquemment organisés des événements culturels – les tableaux changent régulièrement, on peut y écouter de la musique… C'est d'ailleurs dans ce quartier que je me suis installée lorsque je suis arrivée à Marseille. »

Rémi Castillo : On vous sent amoureuse de cet espace et de la ville de Marseille en général, et pourtant vous êtes une « chti » ? Élodie Varlet : En effet, je suis originaire de Lille, où j'ai vécu dix-huit ans, puis j'ai découvert le Sud en suivant des études d'arts du spectacle à Montpellier, ainsi qu'une prépa cinéma à Nîmes. C'est seulement après que je suis arrivée à Marseille, car je faisais un IUP en réalisation à Aubagne.

Vous avez suivi des études orientées plutôt vers les aspects techniques de la profession ; ne pensiez-vous pas devenir comédienne ? Non, j'étais intéressée par l'univers du cinéma, mais mon projet était de devenir scripte. En fait, c'est le théâtre qui m'a menée au cinéma ; j'ai commencé le théâtre très jeune, à dix ans, puis j'ai continué au collège et au lycée. C'est à ce moment-là que j'ai eu un professeur de théâtre très important pour moi, qui m'a fait découvrir les auteurs. Plus jeune, j'avais déjà eu l'envie de passer des castings, mais mes parents n'ont pas voulu, le milieu artistique leur faisait un peu peur (ce qui peut se comprendre !). C'est peut-être pour cette raison que je me suis dirigée vers l'apprentissage des aspects techniques, plus « sérieux », de la profession.

À quel moment avez-vous décidé de faire ce métier dans l'univers du cinéma ? C'est venu très progressivement : au départ, je n'envisageais pas de devenir comédienne, cela m'effrayait ; puis, en découvrant les ouvrages de Bertolt Brecht, notamment, j'ai trouvé géniale la possibilité de faire passer un message à travers des textes, la chance donnée aux gens de réfléchir d'une autre manière. Je me suis donc orientée vers le cinéma, car je trouve l'impact de l'image très fort : je voulais montrer les gens et les faire se découvrir ; c'est ce qui m'anime profondément dans ce métier.

Quitter le cocon familial pour poursuivre vos études, vous retrouver seule, vous avez dû connaître des périodes de doute. Comment avez-vous vécu cela ? D'abord, j'ai vécu avec mon grand frère, je me sentais donc encore en famille. Puis j'ai eu la chance de rencontrer ma meilleure amie à ce moment-là ; elle était dans la même situation que moi, elle aussi avait envie de cinéma, de création. Nous nous sommes soutenues. Parfois, je voyais des personnes plus âgées abandonner… Ça me faisait peur, mais mes parents m'incitaient à faire un métier que j'aime et à ne pas me décourager.

Carte d'identité

Formation : master II conception et réalisation audiovisuelles – IUP Satis ; Licence en audiovisuel, 1re année à l'IUP Satis d'Aubagne ; deug Arts du spectacle ; formation cinéma à l'école Saint-Stanislas à Nîmes

Formation théâtrale : École d'art dramatique de Sylvia Roche à Marseille ; stage « L'acteur et la caméra » avec la Maison du Film (Paris) ; atelier de mise en scène avec les comédiens du conservatoire de Marseille ; conservatoires de Nîmes et de Montpellier ; formation théâtrale à « La Rose des Vents » à Villeneuve-d'Ascq

Théâtre : théâtre en appartement (Marseille) ; *Médée* ; *Duo de Portes* ; *Grand-peur et misère du IIIe Reich*

Cinéma / télévision : actrice dans différents courts-métrages ; *Marie-Antoinette* ; clip *Dernier Baiser* ; *UV*

Expériences complémentaires :
Réalisation : assistante mise en scène sur *Le Fils de l'épicier* ; réalisation d'un documentaire et d'un court-métrage en 16mm à l'IUP Aubagne ; 1re assistante réalisation sur *Le Dernier Épisode de Dallas* (court-métrage) ; stagiaire mise en scène sur *C'est beau une ville la nuit*

Montage : assistante monteuse sur un documentaire de Marie Borrely ; stagiaire monteuse sur *Les Camions épiciers*

Régie : assistante régisseur sur *Marie-Antoinette* ; régisseuse adjointe sur *Le Livre des morts de Belleville*

Intérêts : danse (classique, modern-jazz et hip-hop) ; flûte traversière ; photo

La prépa cinéma que vous avez suivie à Nîmes débouchait sur quelle spécialité ? Elle permettait d'intégrer les grandes écoles de cinéma ; on suivait donc essentiellement des cours sur l'histoire cinématographique, et on avait très peu d'enseignement sur les aspects techniques. J'ai appris toutes les bases du cinéma et j'ai alors compris pourquoi cela me touchait autant. La formation m'a également permis d'affiner mes goûts de cinéphile.

Vers quel style de cinéma vont vos préférences ? J'aime beaucoup les films poétiques, comme ceux de Sofia Coppola, *Lost in translation*, et *Eternal Sunshine of the Spotless Mind*, de Michel Gondry. Mais j'ai aussi une grande fascination pour l'univers de Pedro Almodovar.

Comment avez-vous entendu parler de *Plus belle la vie* ? C'était dans le cadre de mes études : à l'IUP d'audiovisuel d'Aubagne, on nous proposait de faire des stages de son ou de mise en scène à *Plus belle la vie*. J'ai d'abord refusé, car je voulais travailler sur un film, mais certains de mes amis y sont allés et m'en ont parlé de façon positive ; du coup, ça m'a intéressée. J'ai même fait de la figuration dans la série en jouant une copine de Juliette. J'ai été impressionnée par les studios, et puis le tournage se passait à Marseille, une ville que j'adore !

Cette simple figuration vous a porté chance, car vous avez été engagée comme « guest » dans la série. En effet, bien après ma modeste prestation, on m'a proposé de passer un casting. À ce moment-là, j'étais stagiaire de mise en scène sur un long-métrage, *Le Fils de l'épicier*, d'Éric Guirado, j'y suis donc allée, pensant ne pas être prise.

Vous rappelez-vous les circonstances de ce casting ? Que vous a-t-on demandé précisément ? Je devais jouer une scène où je me disputais avec mon grand-père, l'implorant de me laisser vivre ! Comme je ne m'attendais à rien de particulier, j'étais très à l'aise, très naturelle ; je me souviens même de cette phrase : « C'est pas toi qui as la tête comme un citron pressé ! », je peux vous assurer que ce n'est pas facile à dire ! (Rires)

Comment avez-vous réagi lorsque vous avez appris que vous étiez retenue ? Au début, je n'y ai pas cru ; en plus, je terminais mon stage un 30 septembre et je devais commencer à *Plus belle la vie* le 1er octobre suivant !

D'un côté, vous n'avez pas eu le temps de vous poser de questions, mais de l'autre, vous avez dû être stressée… C'est le moins qu'on puisse dire ! J'étais morte d'inquiétude, c'était la première fois que je devais défendre un vrai rôle. En plus, le premier jour, je tournais en extérieur et j'avais six séquences à jouer… Le rythme de tournage était effréné et, au bout de deux jours, j'ai failli arrêter car je pensais que je n'étais pas à la hauteur et que je n'arriverais pas à tenir. J'avais l'impression de ne pas donner ce que voulaient les réalisateurs ; en plus, je devais jouer avec

Ambroise et je savais qu'on lui avait dit que je n'étais pas comédienne. Il a été adorable : il est immédiatement venu vers moi, et nous avons travaillé nos scènes ensemble.

Votre rôle n'était pas évident, car Estelle était atteinte d'une grave maladie… En effet, Estelle souffrait d'une dégénérescence du foie et j'appréhendais les séquences autour de la maladie : on ne peut pas faire n'importe quoi, par respect pour les gens qui sont réellement atteints.

Et les scènes d'amour avec Ambroise ? J'étais très stressée au début, mais Ambroise a le don de mettre à l'aise dans ce genre de situation ; on a pris ça à la rigolade et ça s'est bien passé.

Le fait de jouer dans *Plus belle la vie* a-t-il entraîné des difficultés entre vie professionnelle et vie privée ? Oui, bien sûr, même s'il n'y a pas de confusion pour moi. Il y a eu quelques complications avec mon petit ami, notamment ; il m'a connue avant que je devienne comédienne, ce n'était donc pas évident pour lui au début de voir les scènes de baisers à l'écran… Heureusement, comme il est musicien, il a également une fibre artistique, ce qui lui permet de prendre du recul, et maintenant il est fier de moi. En réalité, c'est surtout le regard des autres qui est difficile à gérer.

Vous n'étiez pas préparée à cette notoriété fulgurante ? Au début, c'est très étrange ; la première fois, ça m'a même fait peur.

Peur ? Racontez-nous un peu ce qui vous est arrivé. C'était le lendemain de ma première diffusion à la télévision. Je me promenais dans Marseille quand soudain une fille a sursauté en me voyant. J'étais tellement déstabilisée que j'ai pris mes jambes à mon cou ! Maintenant, je m'y suis habituée et ce n'est que du bonheur ; surtout quand vous saisissez le regard émerveillé des enfants qui vous rencontrent.

Votre première expérience de comédienne est un rôle intense ; ne craignez-vous pas d'avoir des difficultés à vous en détacher ? Non, je n'y pense pas pour l'instant car je me sens bien dans *Plus belle la vie*, mais il est certain qu'il y a une telle dynamique de travail que ça fera un grand vide quand ça s'arrêtera. Pour l'instant, quand je ne travaille pas pendant un certain temps, je suis toujours contente de revenir sur les plateaux.

Que faites-vous lorsque vous ne jouez pas dans *Plus belle la vie* ? J'ai participé à deux téléfilms, des courts-métrages, et je viens de faire un stage de théâtre pendant deux mois ; je n'ai pas de formation et j'en avais besoin. *Plus belle la vie* est une école formidable, mais qui peut entraîner aussi des aspects négatifs, comme des tics de jeu, des manières… Il est donc important de solliciter le regard d'autres metteurs en scène, ça permet d'interpréter d'autres rôles différemment. En plus, comme on joue le même personnage et que les auteurs nous connaissent de mieux en mieux, les personnages finissent par se rapprocher de ce que nous sommes.

Justement, avez-vous été troublée en jouant une scène qui vous rappelait une expérience personnelle ? Il est sûr qu'Estelle me ressemble par certains côtés – même si elle est plus jeune dans sa tête –, alors il arrive que certaines scènes me rappellent la personne que j'étais il y a quelques années.

Aujourd'hui, vous sentez-vous totalement comédienne et pensez-vous revenir un jour à la réalisation ? Je me sens comédienne grâce à *Plus belle la vie*, qui m'a permis d'évoluer et de prendre confiance en moi. En ce qui concerne la réalisation, je pense que j'y reviendrai un jour, même si je sais que j'ai encore beaucoup de choses à apprendre en tant que comédienne. En ce moment, je suis même en train d'écrire un scénario ; j'espère avoir l'occasion de vous en parler dans une prochaine interview !

Charlotte Le Bihac

Hélène Médigue

Le temps passe vite en compagnie d'Hélène : nous sommes confortablement installés sur la terrasse du Petit Nice, le prestigieux hôtel-restaurant situé sur la Corniche à Marseille. « En fait, explique Hélène, c'est une longue histoire, car Marseille est une ville récurrente dans ma vie. Je suis souvent venue jouer ici, au théâtre de la Criée ou au Gymnase. J'ai connu le Petit Nice, tenu par Gérald Passedat (NDA : trois étoiles au Michelin), par l'intermédiaire de mon mari, le comédien Samuel Labarthe. Enfin, nous sommes ici sur la pointe de Malmousque, qui est pour moi le plus beau point de vue sur Marseille, et c'est pour cette raison que j'ai décidé de faire l'interview ici. »

Rémi Castillo : Parlons de vos origines ; vous venez, je crois, d'un univers artistique ? Hélène Medigue : Tout à fait. Mon père, après avoir fait Polytechnique, s'est consacré pendant dix ans à la musique en tant qu'auteur-compositeur et il a chanté dans des cabarets à Paris. Par la suite, il a réussi à concilier sa formation scientifique et sa passion pour la musique en faisant de la recherche en informatique musicale avec Iannis Xenakis. Ma mère, ingénieur spécialisé dans la signalisation maritime, a été amenée à voyager dans le monde entier. J'ai une sœur pianiste et mes deux cousins germains sont également musiciens.

Vous avez donc évolué dans un milieu très musical ; n'avez-vous jamais été attirée par la musique ? Si, mais je me suis plutôt orientée vers le chant : pendant des années, j'ai fait du chant lyrique et du jazz, même si, tout compte fait, je voulais être comédienne.

Comment est venue cette vocation ? Quand j'avais sept ans, je suis allée voir *Les Vacances de M. Hulot,* de Jacques Tati et, en sortant du cinéma, j'ai décidé de devenir actrice. Très longtemps, je n'ai pas osé en parler, je n'avais pas d'arguments pour justifier ce désir, et chaque fois que j'allais voir un film, c'était très compliqué pour moi de revenir à la réalité.

Comment vos parents ont-ils réagi ? Mes parents m'ont accompagnée de manière assez naturelle. À seize ans, j'ai commencé à prendre des cours par correspondance, puis j'ai été acceptée au concours d'entrée de la classe libre du cours Florent. Pendant deux ans, j'ai eu la chance de suivre l'enseignement de Francis Huster ; il est l'un de ceux qui m'ont préparée pour entrer au Conservatoire national supérieur de Paris.

On dit qu'on revient toujours à ses premières amours ; je crois que vous envisagez un jour de reprendre le chant. Oui, absolument ; j'en parle avec Robin, mon cousin, qui est le guitariste d'Olivia Ruiz.

Mais revenons sur votre parcours de comédienne ; quels souvenirs avez-vous gardés de vos cours avec Francis Huster ? De très bons souvenirs. Avant

Carte d'identité

Formation : classe libre du cours Florent dans les classes de Francis Huster, Yves Lemoigne et Denise Bonal ; Conservatoire national supérieur d'art dramatique

Cinéma : *L'Histoire du garçon qui voulait qu'on l'embrasse ; Le Péril jeune ; Les Poupées russes ; Cavalcades*

Moyens-métrages : *Bleu Dommage ; La Berlue*

Théâtre : *Eurydice ; Chemin de Feu ; Oncle Vania ; Grande École ; Les Jumeaux vénitiens ; Ouragan sur le Caine ; De si bons amis ; Le Nouveau Testament*

Télévision : fictions sous la direction de divers réalisateurs, dont Alain Bonnot, Joyce Bunuel, David Delrieux, Paul Gransard, Jean-Denis Robert, Laurence Katrian, Didier Albert, Michaëla Watteaux, Charlotte Brandstrom, Stéphane Iberski et Jérôme Foulon. *Fargas ; Qui mange quoi ? ; Beauté volée ; Femmes de loi*

En cours : réalisation de *Doucement s'en va le jour*, court-métrage

d'être enseignant, Francis est d'abord un acteur, et c'est formidable quand cette transmission s'opère. Francis n'expliquait pas comment jouer la comédie mais comment arriver à se connaître, il nous donnait plein de petits secrets pour s'en sortir sur les plateaux ; c'est quelqu'un pour qui j'ai beaucoup de tendresse et de respect, je ne l'oublierai jamais.

Vous a-t-il vue dans *Plus belle la vie* et qu'en a-t-il pensé ? Je crois qu'il admire beaucoup le travail que ça demande, parce qu'il réalise très bien ce que ça représente.

Avant *Plus belle la vie*, pouvez-nous raconter, en quelques clichés, les moments forts qui ont jalonné votre parcours ? Tout d'abord, la première fois que je suis montée sur scène à Paris, alors que j'étais encore au Conservatoire. En cours, j'ai rencontré Elsa Zylberstein, avec laquelle je suis toujours très amie ; elle jouait alors *Eurydice*, de Jean Anouilh, mis en scène par Georges Wilson, avec Lambert Wilson et Sophie Marceau. Un jour, comme elle venait de décrocher son premier tournage au Canada, elle m'a appelée pour me demander de la remplacer. Georges Wilson m'a reçue et j'ai répété seulement une semaine avant de commencer.

Vous avez dû avoir un trac terrible de commencer dans ces conditions, surtout sous la direction de Georges Wilson ? Il était contrarié par le départ d'Elsa et il a failli me faire louper ma première entrée en scène. Sans doute parce qu'il n'avait pas confiance, il me tenait par le bras et, à la fin, j'ai dû lui dire : « Ça suffit, c'est à moi ! » Quand je suis sortie de scène, il m'attendait avec du champagne ! Parmi d'autres moments forts, il y a eu mon premier rôle principal au cinéma dans *L'Histoire du garçon qui voulait qu'on l'embrasse*, *Le Péril jeune* de Cédric Klapisch, puis des pièces de théâtre avec Guillaume Canet, Jean-Pierre Marielle… Il y a eu aussi la rencontre avec Robert Hossein dans *Ouragan sur le Caine*, pièce dans laquelle on s'affrontait deux heures sur scène tous les soirs. D'un point de vue plus personnel, c'est en remplaçant Mathilde Seigner dans *Oncle Vania*, de Tchekhov, que j'ai rencontré mon mari, Samuel Labarthe.

Vous avez un parcours éclectique, vous avez joué avec les plus grands, au cinéma comme au théâtre ; dans quelles circonstances est arrivé *Plus belle la vie* ? Deux mois après avoir eu mes jumelles (il y a sept ans), je partais avec Jean-Pierre Marielle – encore une rencontre magique – jouer une pièce de Guitry. C'était arrivé un peu trop rapidement après la naissance de mes filles, et je me suis retrouvée tellement épuisée qu'ensuite je suis restée huit mois sans travailler. Par hasard, j'ai rencontré Michelle Podroznik, qui m'a dit que c'était dommage que je ne me sois pas présentée aux essais pour le rôle de Charlotte. J'ai alors pensé : « Qu'à cela ne tienne ! » et j'ai passé le casting le lendemain. Deux jours plus tard, j'apprenais que j'étais retenue et, la semaine suivante, je commençais à Marseille.

Vous rendiez-vous compte alors de l'ampleur qu'allait prendre cette aventure ? Pas du tout ! Dans ma tête, je partais pour six mois.

Vous incarnez le personnage de Charlotte, que vous avez fait évoluer depuis quatre ans. Dès le départ, je me suis sentie bien avec elle : c'est un personnage solitaire, mystérieux, avec un passé assez lourd… J'aimais l'idée d'une personnalité qui se reconstruit. À l'origine, Charlotte était quelqu'un de très léger, proche des gens, puis elle a pris de la profondeur avec les intrigues dramatiques qui se sont enchaînées.
Par la suite, il y a eu une période moins intéressante qui a duré un an, avec une succession d'amants ; puis l'intrigue est redevenue captivante : c'est le moment où Charlotte « pète les plombs » et décide de se venger. *Plus belle la vie* m'a permis d'aborder tous les registres du jeu, de la comédie au drame, ce qui est une grande chance pour un acteur.

Certaines séquences ont dû vous marquer plus que d'autres. Mon premier grand souvenir dans la série, c'est lorsqu'on a tourné la longue intrigue avec le docteur Livia, le « corbeau » du Mistral : j'étais hypnotisée à distance, c'était totalement surréaliste et, ce qui était passionnant, c'est qu'il fallait donner une réalité à ces scènes.

Comment travaillez-vous techniquement votre personnage, sachant que les auteurs vous communiquent le texte peu de temps avant le tournage ? À leur décharge, ils ont énormément progressé ! Au début, on avait les textes deux jours avant le tournage, maintenant, on les reçoit trois semaines avant. Je n'ai pas réussi pour autant à adopter une nouvelle méthode de travail : je joue les scènes dans mon salon, j'ai besoin de me les faire « passer » dans le corps, car je sais qu'il faut aller vite, qu'il n'y aura sans doute pas plus de trois prises. Je ne peux pas arriver sur le plateau en improvisant.

D'après vous, le succès sans précédent de *Plus belle la vie* tient-il au travail des comédiens, au très bon casting réalisé par les producteurs, ou à d'autres facteurs ? Je pense que l'atout principal tient d'abord au travail de nos producteurs. Hubert Besson travaillait vingt heures par jour la première année, il était partout à la fois ; Michelle Podroznic, elle, a mis toute son âme dans la création de ce feuilleton ; je lui dois tout, car c'est grâce à elle que je suis dans cette aventure ; sans oublier, enfin, le précieux Richard Guedj. Ensuite, bien évidemment, il y a les acteurs et les techniciens, qui travaillent quatre fois plus que sur un tournage ordinaire.

Qu'est-ce que le feuilleton vous a apporté et comment vous voyez-vous dans dix ans ? *Plus belle la vie* est une école extraordinaire, qui permet de beaucoup évoluer en termes de jeu et de connaissance de soi. Dans dix ans, j'espère avoir progressé et être en accord avec mes choix. Le risque, avec *Plus belle la vie*, c'est de ne pas pouvoir quitter la série, mais je suis convaincue que, pour conserver une qualité de jeu et rester exigeant avec soi-même, il faut avoir le courage de s'arrêter et d'aller vivre d'autres expériences.

Et si vous ne deviez retenir qu'une émotion ? La relation avec le public : elle est totalement magique ! J'aime les gens et j'ai beaucoup de respect pour le public. Il ne faut jamais oublier que, sans lui, on n'est rien !

Rachel Lévy

C'est dans son appartement situé sur la Corniche, à Marseille, que Colette Renard, interprète depuis quatre ans du rôle de Rachel, me donne rendez-vous. De sa fenêtre, la vue est superbe, et ce n'est pas Colette Renard qui me contredira : « C'était mon rêve d'habiter au bord de la mer. Ici, c'est exceptionnel : avec la mer à perte de vue, je suis comme sur un bateau et, comme ça ne bouge pas, je ne risque pas d'avoir le mal de mer ! »

Rémi Castillo : C'est la sensation de liberté que vous aimez lorsque vous regardez la mer ? Colette Renard : C'est la grande liberté. J'ai un tempérament de saltimbanque, je ne sais pas d'où ça me vient, mais je dois avoir ça dans les gènes. J'aime partir, tenir constamment ma valise à portée de main, ne pas avoir d'entraves, ne pas me sentir enfermée…

Je remarque que, sur les murs de votre salon, se trouvent beaucoup de tableaux. Je me suis toujours intéressée à l'art. Lorsque j'étais jeune, j'ai fréquenté beaucoup de peintres ; dans les moments difficiles, je posais pour eux. C'était merveilleux, je « vivais » le dessin ou la peinture de l'artiste. C'était chaque fois une nouvelle richesse.

Avez-vous eu une enfance heureuse ? Ah oui ! Pauvre, mais très heureuse. Mon père, qui était tout à la fois menuisier, ébéniste et charpentier, a quitté la maison alors que j'avais cinq ans. Avec ma mère et mon frère, on a vécu des moments difficiles mais heureux, car ma mère avait un tempérament toujours joyeux, optimiste. Plus tard, elle a eu envie de voyager : là où elle avait choisi de faire escale, elle déposait une annonce dans une boulangerie indiquant « Couturière à façon, à domicile, libre de suite », et elle se faisait immédiatement une clientèle.

C'est elle qui vous a légué le tempérament que vous avez aujourd'hui ? J'ai hérité de son enthousiasme de la vie et de son optimisme. C'est sans doute pour ça que les gens viennent me voir, pour que je leur remonte le moral. Parfois, j'aimerais bien moi aussi qu'on me remonte le moral… De toute façon, j'ai toujours donné l'image d'une battante et j'ai eu très tôt des responsabilités : à neuf ans déjà, je devais prévoir les repas, faire les achats pour la famille…

Comment s'est passée votre entrée dans le milieu artistique ? Enfant, je rêvais de faire du théâtre, ou de la musique, et j'ai commencé par suivre des cours de violoncelle ; suite à une maladie, j'ai dû abandonner. Je suis arrivée au music-hall par hasard ! La vie nous mène, on ne la mène pas…

Carte d'identité

Créatrice de la comédie musicale à succès *Irma la Douce*

Théâtre : *Il était une fois l'opérette ; Folle Amanda*

Cinéma et télévision : *Un roi sans divertissement ; IP 5 ; Vichy Dancing ; Maigret et la Princesse*

Chansons : enregistrement de plus de 900 titres

Décorations/récompenses : Grand prix de l'académie Charles-Cros ; Grand prix de l'Académie du disque français ; Grand prix du président de la République ; Grand prix international du disque ; Officier des arts et des lettres ; Médaille de vermeil de la ville de Paris ; Médaille d'honneur de la ville de Marseille ; Chevalier de la légion d'honneur

Vous avez eu une carrière très riche ; si on vous demandait quelles ont été vos plus belles années, que répondriez-vous ? Logiquement, ce devrait être celles de l'apothéose, lorsque j'ai créé, puis joué, entre 1956 et 1967, le personnage d'Irma la douce, de Marguerite Monnot. Je faisais ce que j'aimais : être sur scène, mais c'était tellement dur, éprouvant, fatigant ! Pour deux heures de bonheur sur scène, tant d'heures de travail, de bagarres, de nuits brèves… Lorsque j'ai commencé, je n'ai pas réalisé tout de suite, même si j'avais déjà connu des moments de plénitude sur scène. J'ai vraiment pris conscience que je jouais Irma au bout de trois mois ; d'un seul coup, je me suis dit « Ça y est, tu fais ce que tu voulais faire : tu joues la comédie. »

À partir de ce moment-là, que ressentiez-vous ? Du plaisir, j'étais heureuse. Je jouais *Irma la douce* tous les soirs et je faisais en plus des tours de chant. Un jour, pour me permettre de venir chanter « un Irma » à l'Olympia, Bruno Coquatrix a loué une ambulance, qui a fait l'aller-retour entre le premier et le deuxième acte de la pièce ! C'était vraiment la java de la vitesse, de la rapidité… jusqu'à dix-huit heures de travail par jour.

Ce n'était pas trop difficile ? C'est un métier exigeant : il faut faire attention à sa voix, à son physique, à ses costumes, mais j'ai donné au public le plus que j'ai pu. Ce qui était pénible, c'était tout ce qu'il y avait autour : je portais mes valises, je conduisais ma voiture, je repassais mes robes. Je ne me plains pas, c'était une vie fatigante mais enrichissante !

Vous avez dû connaître de grands moments de bonheur aussi ? Bien sûr. J'ai eu une très belle vie, j'ai fait ce que j'aimais faire. Quand j'étais sur scène et que je sentais le public dans les bras, c'était extraordinaire. J'ai vécu des instants merveilleux : à l'occasion de tournées à l'étranger, j'étais souvent reçue dans les ambassades, je rencontrais des gens

formidables qui me donnaient envie d'appartenir au même milieu qu'eux… En fait, je suis une inassouvie.

Avez-vous des regrets ? De ne pas pouvoir vivre mille ans afin d'avoir le temps d'apprendre tout ce qu'il y a à apprendre ! J'ai conscience que j'étais capable de faire plein de trucs, mais je n'ai pas persévéré : j'ai écrit, fait de la céramique, appris le piano, le violoncelle, l'anglais, le russe…

Comment est arrivée *Plus belle la vie* dans votre carrière ? On m'a proposé le rôle de Rachel à un moment où j'étais au fond du trou, suite à un grand chagrin. Je ne savais pas comment j'allais m'en sortir et, à ce moment-là, *Plus belle la vie* m'a sauvé la vie !

Cette année, on a fêté le 1000e épisode ; si on regarde dans le rétroviseur, quelle est la scène qui vous a marquée ? Je me rappelle notamment ma première scène avec Laetitia Milot : elle interprétait le désespoir avec un tel réalisme que j'y ai cru et, bouleversée, je n'ai pas réussi à jouer ! Sinon, vous savez, à un personnage âgé, on ne peut pas tout faire jouer (la violence, l'amour), mais il y a beaucoup d'autres sujets possibles.

De quoi avez-vous envie aujourd'hui ? D'aller faire une croisière (rires). Plus sérieusement, j'ai envie de continuer à exercer ce métier le plus longtemps possible parce qu'il est passionnant !

Que peut-on vous souhaiter ? D'être en harmonie avec moi-même. Maintenant, je suis désolée, mais il est 20 h 20, c'est l'heure de *Plus belle la vie* et je ne manque jamais un épisode !

VIRGILE BAYLE

Guillaume Leserman

C'est à Paris que Virgile m'attend, attablé au Saint-Amour, en plein XXe arrondissement : « Ce n'est pas très loin de chez moi, et comme en ce moment je suis très occupé... En plus, j'aime le nom de cette brasserie située dans un quartier à la fois populaire et chaleureux. »

Rémi Castillo : Dans ce livre d'entretiens, on essaie de retracer vos parcours respectifs. Alors commençons par vos origines : vos parents évoluaient-ils dans un milieu artistique ? Virgile Bayle : Non, pas du tout, je ne suis pas un « enfant de la balle », comme on dit. Je suis né à Valence, dans la Drôme, ville dans laquelle on s'ennuie assez vite, c'est pour ça que j'en suis parti à l'âge de quinze ans.

Mais lorsque vous étiez jeune, est-ce que le milieu artistique vous « chatouillait » ? Pas vraiment. Le pourquoi du comment je suis devenu comédien est une suite de circonstances absolument « abracadabrantesques » : j'ai fait une mauvaise classe de troisième et les professeurs ont hésité à me laisser passer en seconde. Finalement, une fois mon passage acquis, il ne restait plus de place pour m'inscrire au lycée et, comme j'aimais bien la nature, ma mère m'a conseillé de suivre une formation de paysagiste. Malheureusement, le lycée agricole dans lequel on m'a inscrit ne préparait pas réellement à cette profession ; du coup, l'année suivante, je suis entré en seconde « classique » mais, au bout d'un mois, j'en ai eu marre et je suis devenu apprenti serveur pendant trois mois avant de décider, contre l'avis de ma mère, de « monter à Paris ». Un jour, en me promenant, j'ai vu une affiche sur laquelle il était écrit : « Cours de théâtre », c'était le cours Simon, et un professeur qui était là me dit : « Entrez, il y a un cours qui commence. » J'y suis donc allé et là... j'ai été stupéfait de constater la façon dont les filles regardaient les garçons sur scène... Je me suis dit : « Il n'y a pas à dire, c'est ce que je veux faire ! »

Dans quel état d'esprit étiez-vous en arrivant à Paris, à seize ans, sans argent et sans connaître personne ? En réalité, un vieux parent a eu la gentillesse de m'héberger pendant plusieurs mois. J'ai suivi l'enseignement du cours Simon et, au bout d'un an, j'ai eu la chance d'être pris à l'école de la rue Blanche. Parallèlement aux cours de théâtre, je me suis découvert une passion pour le jeu de go et, après deux ans de cours, j'ai décidé de devenir joueur professionnel. Pendant un an et demi, j'ai fait des compétitions à travers toute l'Europe et, quand je suis revenu, j'ai retrouvé des copains de la rue Blanche qui avaient réussi le Conservatoire. Piqué, j'ai voulu moi aussi tenter le concours et j'ai été pris. C'est à ce moment-là que je me suis vraiment mis à bosser.

CARTE D'IDENTITÉ

Formation : cours René-Simon ; école de la rue Blanche ; Conservatoire national supérieur d'art dramatique de Paris

Cinéma : *Les Gens qui s'aiment*

Théâtre : *L'Avare* ; *Cyrano de Bergerac* ; *Jardin secret*

Télévision : *Diane, femme, flic* ; *Jeff et Léo, flics et jumeaux*, *« La Dernière séance »* ; *Louis Page*, *« Affaires secrètes »* ; *Lea Parker*, *« Casino clandestin »* ; *Quai n° 1*, *« Amie, Amie »* ; *Le Lycée* ; *La Bicyclette bleue* ; *La Crim* ; *L'homme de la loi* ; *Les Feux de la Saint-Jean* ; *Les Filles du maître de chai* ; *Le Nid tombé de l'oiseau*

C'est un parcours très atypique ; vous ne ressentiez donc pas « complètement » le désir de devenir comédien ? Non, le déclic, je l'ai réellement eu une fois entré au Conservatoire. Aujourd'hui, j'aime ce métier et je ne pense pas pouvoir faire autre chose ; j'aime cette façon d'imaginer qu'on peut être quelqu'un d'autre pendant un certain laps de temps, l'idée de distraire, d'apporter quelque chose aux gens en leur insufflant un joli mot de poésie qui va trouver écho en eux. En plus, l'univers artistique interpelle le public quel que soit l'âge, le milieu social, les origines… C'est cette universalité-là que je trouve passionnante à transmettre.

Pour revenir au jeu de go, et surtout pour les néophytes, dont je fais partie, pouvez-vous nous expliquer en quoi il consiste et pourquoi il vous a séduit ? Ce jeu est l'un des plus vieux au monde et le plus beau à mes yeux. Il est apparu en Chine six mille ans avant J.-C., puis au Japon au XIe siècle, en Allemagne au XIXe siècle, et en France dans les années 1960. C'est dans un club à Paris que j'ai rencontré maître Lim, le maître du jeu de go en France. J'ai trouvé cet univers passionnant, et comme en France il s'agit d'une petite communauté, des liens très forts se nouent entre les joueurs. J'évoluais donc entre deux mondes : le jeu de go avec ses codes et sa réflexion, et le théâtre avec sa folie, son irrespect.

Justement, à propos de théâtre, quels moments importants avez-vous vécus ces dernières années ? Plutôt que des moments forts, je pense surtout à des aventures humaines, comme ma rencontre avec Jérôme Savary, qui m'a donné l'occasion de jouer au théâtre de Chaillot. Il y a quatre ans, je suis tombé assez gravement malade : j'ai contracté une maladie orpheline, une inflammation de la moelle épinière entraînant la destruction des fibres nerveuses. Je m'en suis sorti, même si je sais que la maladie peut réapparaître à n'importe quel moment. Quand on a quinze ans, on a le sentiment d'être immortel ; à vingt ans, on prend conscience que l'on est mortel, mais on sait qu'on a l'avenir devant soi ; à trente ans, j'ai réalisé que j'étais mortel et que tout pouvait s'arrêter du jour au lendemain.

Une fois sorti d'affaire, quelles étaient alors vos pensées, vos envies ? *Carpe diem* : profiter de chaque instant et ne pas s'en faire pour les choses qui sont inévitables ; il faut prendre la vie comme elle vient.

Après une telle épreuve, qu'est-ce qui vous a donné l'énergie nécessaire de remonter sur les planches ? « Tout ce qui ne nous tue pas nous rend plus fort », disait Nietzsche, et c'est vrai ! Après ma maladie, je suis parti au Japon me ressourcer, et quand je suis revenu, il y a quatre ans, comme je ne trouvais pas de travail, j'ai pensé arrêter. Mon agent m'a alors proposé de passer un casting pour le

rôle de Guillaume dans *Plus belle la vie*. Je ne devais jouer qu'une semaine et finalement, au bout de deux ans, j'ai préféré arrêter, à cause du rythme de travail et des allers-retours incessants entre Marseille et Paris.

Était-ce pour un autre projet ou aviez-vous vraiment envie de souffler ? Oui, j'ai glandé et ça m'a pris tout mon temps ! Je suis revenu au bout d'un an sur *Plus belle la vie*, par besoin et par envie, car c'est une très belle aventure et ce n'est pas tous les jours qu'on a l'occasion de pouvoir travailler avec une équipe au sein de laquelle chacun est respectueux du travail de l'autre.

Avez-vous des images intenses qui vous viennent à l'esprit quand vous pensez à la série ? Plutôt des rencontres avec des partenaires ; j'ai la chance de beaucoup travailler avec Anne Decis, j'ai énormément de respect pour elle, je trouve que c'est une grande comédienne.

Parlons un peu de Guillaume ; comment avez-vous abordé le personnage et comment le définiriez-vous ? Au début, je demandais souvent quelle était l'histoire de Guillaume, d'où il était censé venir… Je n'obtenais pas de réponse et j'en étais frustré, mais d'un autre côté, cela me permettait aussi de garder une certaine spontanéité. Guillaume est un trentenaire qui a du mal à se poser et qui prend pour excuse la « noblesse » de son métier de médecin pour ne pas avoir à se fixer.

***Plus belle la vie* rencontre un succès sans précédent pour un feuilleton français ; à quels facteurs attribuez-vous cet engouement du public ?** Je pense, en premier lieu, au travail, car des dizaines de personnes bossent dur, qu'il s'agisse des comédiens, des techniciens ou de la production… Maintenant, sur le concept, au fait que le feuilleton est quotidien et que les auteurs imaginent des intrigues qui tiennent le public en haleine ; c'est un programme fédérateur, qui évoque les problèmes de chacun ; en plus, la série est diffusée à 20 h 20, juste après les gros titres, souvent alarmistes, qu'on entend aux informations… Après ça, les gens ont envie de se détendre.

Vous venez de célébrer le 1 000e épisode ; quel bilan faites-vous de cette aventure ? Ce travail d'équipe dont je parlais, car nous avons une volonté commune d'arriver à un but et il n'y a rien de plus beau que de partager des émotions avec des gens. Aujourd'hui, j'ai trente-six ans, un métier formidable, qui me laisse du temps pour mon épanouissement personnel, qui me permet de connaître la joie de pouvoir être quelqu'un d'autre tous les jours ; j'ai donc envie que ça continue le plus longtemps possible.

Pas d'autres projets pour l'avenir ? Simplement le feuilleton, car la vie est vraiment plus belle dans *Plus belle la vie*.

Nathan Leserman

Une terrasse dominant une cour intérieure, des oiseaux qu'on entend chanter, tout inspire la sérénité dans l'appartement de Thibaud, qui « aime être ici comme dans une sorte de village au milieu de la ville. Je suis heureux de me retrouver un peu seul dans un lieu tranquille pour y trouver un peu de recul et d'équilibre. »

Rémi Castillo : Thibaud, votre grand-père, Pierre Vaneck, est revenu cette année sous les feux des projecteurs dans *Deux jours à tuer,* avec Albert Dupontel ; votre nom est-il parfois lourd à porter ? Thibaud Vaneck : Incontestablement, car il s'agit de l'un des plus grands acteurs français, mais, en même temps, mon grand-père est un homme très discret, qui ne fait pas trop parler de lui. Il faut être honnête et reconnaître que ça m'a également plutôt servi auprès des gens du métier.

Vous parliez tout à l'heure de votre attachement au calme ; avez-vous toujours été ainsi ? Oui, enfant, j'étais déjà assez calme, rêveur, solitaire, et souvent à l'écart. D'ailleurs, je n'aimais pas le cadre scolaire et l'esprit de compétition entre élèves, ça m'a toujours dérangé.

Envie de solitude et de devenir comédien : c'est un peu incompatible, non ? Comment l'envie de jouer la comédie est-elle venue ? Après mon bac, j'ai fait un an de faculté en langues étrangères, mais je ne m'y sentais pas à l'aise. À cette époque, ma sœur Aurélie réussissait dans une école de théâtre à Paris, et je me suis dit : « Pourquoi pas moi ? » Je me suis inscrit au Conservatoire et j'ai été pris. Cette expérience a été très importante pour moi, elle m'a permis de faire des découvertes sur ma personnalité, mon vécu, mon enfance. Le seul ennui, c'est qu'au Conservatoire, il s'agit de cours classiques de théâtre ; du coup, je ne savais pas ce que je valais vraiment en tant que comédien avant de passer le casting de *Plus belle la vie*.

Je crois que c'est votre sœur qui vous a mis le pied à l'étrier pour ce casting. Tout à fait. En mai 2005, je suis venu la voir le temps d'un week-end à Marseille, alors qu'elle jouait déjà dans la série, et un casting était prévu pour le lundi. J'ai appris le texte, Aurélie m'a donné quelques conseils, et j'y suis allé comme ça, les mains dans les poches, sans trop y croire. Le fait, justement, de ne pas avoir à supporter trop de pression, ça m'a servi, car j'étais naturel, et ça a marché !

La production vous a-t-elle choisi pour interpréter le rôle de Nathan ou pour un autre rôle ? C'était pour le personnage de Nathan, qui incarne en quelque sorte une « caricature » de l'adolescence, mais c'est un personnage tout à la fois têtu et attachant. Mon rôle consistait donc à trouver l'humour nécessaire pour faire passer le trop-plein de défauts et de problèmes liés à cette période de la vie.

Qu'avez-vous ressenti quand vous avez su que vous étiez pris ? Qui avez-vous prévenu en premier ? J'ai été super heureux et, bien évidemment, je me suis empressé d'appeler Aurélie. Ma vie venait de changer en l'espace d'une semaine : venu pour le week-end à Marseille, j'ai passé le casting le lundi, j'ai été pris le mardi, et j'allais commencer à jouer dans une série qui tournait à deux cents à l'heure le lundi suivant ! Inutile de dire que ça m'a donné un coup de fouet pour bosser !

***Plus belle la vie* a constitué un changement de vie radical pour vous ; comment l'avez-vous vécu ?** Assez bien, étonnamment ; d'autant plus qu'au départ, mon personnage ne devait apparaître à l'écran que pendant trois semaines…

Quelles ont été vos impressions lorsque vous vous êtes vu pour la première fois à la télévision ? Je me suis trouvé mauvais, je n'aimais pas ma voix, car je n'avais aucune technique : je parlais trop vite, je bafouillais, on ne me comprenait pas très bien. Je suis très critique lorsque je revois les premiers épisodes, mais en même temps, je suis là trois ans après, ce qui prouve que les producteurs sont contents !

Et votre grand-père, qui est une véritable « institution » dans le milieu, comment a-t-il réagi ? Avec discrétion ; il est fier, bien sûr, mais il ne nous donne pas trop de conseils, il nous laisse tracer notre route, découvrir par nous-mêmes, et donc nous brûler les doigts, car c'est comme ça qu'on apprend le métier.

Le regard d'Aurélie, qui joue dans la série depuis le début, a dû être plus critique ? Non, elle m'a dit que c'était bien, pour m'encourager. Aurélie est une comédienne formidable ; pour son âge, elle est tellement « carrée », professionnelle, toujours juste. J'ai beaucoup d'admiration pour elle et je regrette que nous n'ayons pas plus de scènes à jouer ensemble : nous sommes frère et sœur, des choses passent entre nous, et je pense qu'il y aurait tout intérêt à exploiter cette opportunité.

Parlez-nous de la façon dont vous travaillez le personnage, et dans quel sens vous l'avez fait évoluer au fil des années. J'apprends mon texte et je trouve ma façon d'interpréter mon rôle sur le plateau, en fonction de la réaction de mes partenaires, en me fiant à mon instinct.
En ce qui concerne Nathan, je l'ai fait évoluer vers plus de drôlerie, je lui ai donné un côté caricatural, un peu ridicule parfois. C'était bien d'en faire un adolescent *loser*, à qui il arrive des galères tout le temps, et qui se trouve confronté à des situations comiques. Les auteurs ont écrit dans ce sens et le personnage évolue constamment même si, maintenant âgé de dix-sept ans, Nathan reste un éternel gamin.

Cet aspect vous correspond bien parce que vous êtes un peu lunaire, vous prenez du recul… Je ne pense pas que Nathan prenne la vie avec du recul, c'est un glandeur. Il est turbulent, il fait des conneries, il a une énergie folle et, pour toutes ces raisons, il ne me ressemble pas ; il a fallu que je regarde des adolescents autour de moi, d'anciens potes, pour trouver l'inspiration.

***Plus belle la vie* a fêté sa 1 000e, ce qui est exceptionnel. Faire partie de cette grande aventure, ça représente quoi pour vous ?** Un grand plaisir. J'ai beaucoup d'affection pour cette série dans laquelle je me suis formé en utilisant le peu de matériel que j'avais. De plus, je me suis fait beaucoup d'amis et, sur le tournage, j'ai réalisé de belles rencontres, comme avec Virgile Bayle, qui joue mon père dans la série et dont je suis également proche dans la vie. Nous échangeons énormément pour construire certaines séquences. J'ai beaucoup appris aussi au contact d'Anne Decis, et j'aime tourner avec Colette Renard, que j'adore.

Si vous deviez faire un premier bilan, de quel principal apport êtes-vous redevable à la série ? De m'avoir permis de me découvrir… Et ma plus grande fierté, c'est de poursuivre tout en restant vigilant ; c'est tellement difficile de ne pas s'enfermer dans une espèce de facilité, d'entrer dans chaque séquence comme si c'était la première fois. C'est un effort que j'arrive à faire et c'est pour toutes ces raisons que je trouve l'énergie d'aller travailler chaque matin.

Vous êtes très jeune et la notoriété est arrivée très soudainement ; ça n'a pas été trop délicat à gérer ? C'était très déstabilisant au début, car il s'agissait d'une notoriété contre nature : les gens se sont mis à me considérer comme une star alors que je n'avais pas de carrière, je n'ai donc rien à prétendre de ce côté-là ! Je comprends que *Plus belle la vie* déclenche autant de réactions et de ferveur, mais je ne pense pas être parvenu à un tel point de ma carrière pour mériter d'être à ce point reconnu aujourd'hui !

Avez-vous des envies particulières en tant que comédien ? Tourner avec Daniel Auteuil : je l'admire énormément !

Eh bien, Daniel, à bon entendeur…

Charles Frémont

ALEXANDRE FABRE

Mon rendez-vous suivant avec Alexandre, l'implacable Frémont, me mène au port de l'Estaque, que je lui laisse nous présenter : « C'est un petit port très populaire situé au bout de Marseille ; Cézanne, Matisse et Derain y ont peint des paysages et, aujourd'hui, il y a encore des gens, des ouvriers, qui y vivent dans de petits cabanons. »

Rémi Castillo : C'est d'ailleurs dans l'un de ces cabanons que vous avez décidé de vivre. Alexandre Fabre : Oui, j'ai toujours aimé l'atmosphère qui règne à l'Estaque, avec son ambiance gitane. Il y a très longtemps, j'avais un copain gitan, Juanito, qui jouait dans des bars de nuit et se lançait dans des flamencos très émouvants. Il m'a fait découvrir ce chant, qui transcende le corps et l'âme jusqu'à l'aube.

Dans un premier temps, on va justement parler d'Alexandre Fabre plutôt que de Frémont, en évoquant d'abord vos jeunes années : que faisaient vos parents ? Mon père, qui était médecin, était un grand aventurier et, au moment de faire son service militaire, il a demandé à être envoyé dans les colonies. Il est donc parti pour cinq ans en Tunisie, et le Sud tunisien l'a tellement fasciné qu'il y est resté vingt ans. Je suis né là-bas et j'ai passé mes premières années dans un bled complètement paumé. On revenait en France chaque année pour les vacances.

Quel genre d'enfant étiez-vous ? Vous étiez bagarreur, je crois. Oui, j'étais connu dans le village pour être le pire des bagarreurs, j'étais réputé avoir toujours les poings serrés, prêts à cogner. Je détestais l'école, alors, tous les jours, une grosse dame venait me tirer par la peau des fesses pour m'y emmener ; je me rappelle que je lui lançais toutes les injures en arabe que je connaissais. Je n'espérais qu'une chose : me retrouver dans la cour de récréation pour pouvoir me battre !

Pourquoi cette attitude agressive ? Souffriez-vous de carences affectives ? Je ne sais pas, j'avais besoin d'espace, de courir ; j'avais une énergie phénoménale et je ne supportais pas d'être enfermé. En même temps, j'étais rêveur et solitaire et, inconsciemment, je pense que je me sentais en concurrence avec mon frère aîné.

Vous étiez un peu jaloux de lui ? Oui, certainement ! Mon frère aîné était le premier garçon depuis trois générations, c'était un miracle : il a été adulé, vénéré… Me faire une place dans ces conditions a été très compliqué ! J'ai analysé tout cela par la suite, mes parents, mon enfance, le fait de porter mon deuxième prénom, Alexandre, plutôt que le premier, Louis.

CARTE D'IDENTITÉ

Théâtre : Ionesco ; Molière ; Racine ; Brecht ; Dumas ; Tchekhov ; Beckett ; Claudel ; Offenbach ; Edmond Rostand ; Daniel Soulier ; Agatha Christie

Cinéma : *French Connection ; Journal d'une maison de correction ; Cap Canaille ; Le Juge ; Mon père*

Télévision : *Le Plein de super ; La Mer promise ; Roméo et Baucis ; La Fortune des Rougon ; So Long, Rêveuse ; Les Dossiers éclatés : La Canne ; Le Carton rouge ; Mon cher Théo Van Gogh ; La Chèvre d'or ; Le Sang des Atrides ; Délit de fuite : L'inspecteur mène l'enquête, « Imbroglio furioso » ; La Vie de Galilée ; Le Secret des Andrônes ; Action Justice ; Sous le soleil ; Affaire Christian Ranucci : Le Combat d'une mère ; Un coin d'azur ; Insomnies de monsieur Plude ; Microbidon*

Pendant presque dix ans, missionné par les centres culturels français, Alexandre Fabre a sillonné l'Afrique francophone pour y jouer ses propres spectacles (d'après Rabelais, John Fante, Sony Labou Tansi…). Il a également monté des spectacles avec des artistes africains (notamment *Don Juan*, de Molière, avec une troupe camerounaise, interprété au festival d'Avignon).

Monsieur Louis Fabre semble donc avoir souffert durant son enfance. Tout à fait, je n'ai pas eu une enfance très rigolote. Je venais donc d'un bled en Tunisie où j'avais de l'espace et de la liberté, puis, à l'indépendance, on a dû revenir en France. À dix ans, je me suis retrouvé à Albi, où mes grands-parents tenaient un hôtel, inscrit dans une école très sombre et grise, adossée à l'église. Je me souviens qu'il pleuvait, que j'avais froid et que je me sentais prisonnier et malheureux.

Dans ces conditions, vous n'avez pas dû avoir une scolarité facile ? Ma scolarité a été une pagaille sans nom : j'ai changé quinze fois d'école car chaque fois j'étais renvoyé. Du coup, je me suis retrouvé pensionnaire dans la Drôme ! La situation était aussi difficile pour mes parents, et mon père a craqué : on s'est finalement installés à Marseille, où il est devenu médecin fonctionnaire. J'avais quatorze ans et j'ai encore changé trois fois d'école, puis on est parti à Privas, dans l'Ardèche.

Comment êtes-vous arrivé dans la vie active ? J'aurais dû passer mon bac en 1968, mais je ne me suis pas présenté. Depuis l'âge de quinze ans, je fréquentais la MJC (Maison des jeunes et de la culture) du coin, où je faisais du théâtre amateur, et tous les ans je participais au spectacle. Cet univers me plaisait, c'est la raison pour laquelle, à l'âge de dix-neuf ans, je suis venu faire une école de théâtre à Paris.

Comment cette nouvelle scolarité, cette fois artistique, s'est-elle déroulée ? Une fois encore, pas vraiment bien : j'étais à l'école du théâtre de l'Ouest parisien, à Boulogne-Billancourt, mais je n'étais pas à l'aise, car c'était un établissement très sévère, et en plus j'étais perdu à Paris ; Marseille et son ouverture sur la mer me manquaient. Faire carrière à Paris, ce n'était pas mon truc !

Vous êtes donc revenu à Marseille ? Oui, pendant quelques dizaines d'années, j'ai fait le tour de tous les théâtres de la ville et de tout ce qui se tournait pour la télévision ou le cinéma. À cette époque-là, je jouais et tournais sans arrêt ! J'ai réussi à devenir une vedette marseillaise tout en gagnant ma vie, c'était formidable !

Et puis un jour est arrivé *Plus belle la vie* ! Avant cela, je suis retourné à Paris, puis je suis parti dix ans en Afrique, toujours pour fuir, car je ne voulais revenir à Marseille que si j'avais quelque chose de nouveau à y faire. Et me voilà maintenant dans mon cabanon, à Marseille.

Vous êtes présent dans *Plus belle la vie* depuis le début ; pouvez-vous nous dire de quelle façon vous êtes arrivé sur le casting ? J'ai depuis trente ans un grand copain, Richard Guedj, coach sur la série, qui m'a conseillé de me présenter. Ils cherchaient quelqu'un pour jouer le personnage d'un avocat sans diplôme, véreux, mais très doué pour les affaires. C'était un rôle pour deux mois et, quatre ans plus tard, je suis toujours là !

C'est un rôle de méchant dans la série, un méchant qu'on adore détester. Comment l'imaginez-vous évoluer ? Avec ce rôle, je me demande si je ne suis pas plus méchant que je ne le pensais ! J'ai envie d'écrire la vie de Charles Frémont au quotidien ; au bout de quatre ans, je ressens une grande complicité avec mon personnage et je me demande quelle part de Frémont il y a en moi ! Il se rapproche de plus en plus de moi, et les auteurs, devant cette espèce de confusion, en profitent peut-être un peu. Finalement, le personnage me permet de voir ma vraie personnalité. En ce moment, j'ai envie de le rendre plus gentil, plus humain. Il y a de l'humanité en lui : il est d'une sincérité profonde quand il tombe amoureux, même si chaque fois il se fait jeter.

Avec le personnage que vous jouez, le public qui vous interpelle n'est peut-être pas toujours sympathique. Curieusement, on me trouve plus gentil qu'à l'écran, où j'ai un visage plus agressif sans mes lunettes, un œil plus inquisiteur ! J'en ai tellement pris plein la gueule dans la vie avec les femmes que maintenant, j'apprécie que, grâce à mon personnage, on me regarde, on me reconnaisse ; ça fait du bien !

Aujourd'hui, avec cette reconnaissance, vous devez être apaisé par rapport à l'enfant violent que vous étiez ? Désolé, mais je ne me suis pas calmé ! Intérieurement, j'ai toujours cette insatisfaction profonde d'être « à chier » dans le rôle de Frémont : je joue des séquences où « ça ne va pas », où je ne suis pas en adéquation totale avec mon personnage. Je prends du plaisir, mais ce n'est pas suffisant.

Que manque-t-il à Alexandre aujourd'hui pour être épanoui et heureux ? Se dire « la prochaine fois, ce sera mieux », ça fait souffrir. Je fais un travail sur moi-même pour trouver la sagesse, pour avoir un regard plus apaisé sur l'autre.

Avez-vous envie de vous détacher de cette image de Frémont pour aller ailleurs, incarner un autre personnage ? Absolument pas, je suis extrêmement heureux d'avoir *mon* Frémont et je discute avec lui quotidiennement. C'est un personnage en évolution perpétuelle, avec lequel je ne m'ennuie jamais.

Pouvez-vous imaginer interpréter Charles Frémont à vie ? Un peu, oui ! Je ne vois pas pourquoi j'irais faire d'autres séries, je suis assez carnassier là-dessus. De toute façon, j'ai d'autres activités : je vais jouer Brecht d'ici quelques mois, rejouer *Cyrano de Bergerac* ; et je rentre à peine d'Arabie Saoudite où j'ai interprété Beckett pour le public de l'ambassade de France. Enfin, j'écris.

Frémont nourrit Alexandre ? En partie. J'habite avec lui en permanence, car je dois le connaître pour me connaître aussi. Au fil du temps, il devient plus gourmand dans sa petite méchanceté, ça lui plaît de faire des vacheries…

Alors, rendez-vous pour la 2000e ? Non, pour la 3000e !

Céline Frémont

Rebecca me fait les honneurs de son appartement marseillais. « J'ai emménagé ici il y a six mois. Au départ, j'avais tout décoré en noir et blanc, mais depuis j'ai ajouté quelques touches de couleur. Voici mon univers : ma vieille pendule, qui vient du village du Castelet, mon chat Guizmo, récemment projeté sous les feux de la rampe dans l'émission Trente millions d'amis, *et enfin les boîtes dans lesquelles je classe tout – photographies, "âneries", froufrous et lettres de fans auxquelles je réponds toujours... D'ailleurs, depuis qu'a commencée l'intrigue entre Céline et Virginie, je reçois les plus belles lettres que j'ai jamais reçues en quatre ans. »*

Rémi Castillo : Avant d'évoquer Céline, précisons que vous vouliez faire ce métier dès l'âge de huit ans... Rebecca Hampton : Ma mère est danseuse et professeur de danse. Lorsque j'avais huit ans, en 1981, une de ses élèves lui a dit que Chantal Goya cherchait des enfants pour participer à son spectacle. Je me suis présentée au casting et j'ai été prise dans *Le Soulier qui vole*. L'aventure a duré deux ans : le Palais des congrès à Paris, puis les tournées... D'ailleurs, je suis restée en contact avec Chantal Goya depuis.

Une mère danseuse, un père peintre ; votre fibre artistique découle-t-elle de là ? En réalité, je pense plutôt qu'on « naît » comédien. Ma mère me raconte souvent que, bébé, j'étais déjà comédienne ! À onze ans, j'ai tourné dans un moyen-métrage, *Le Livre de Marie*, réalisé par Anne-Marie Miéville, avec Aurore Clément et Bruno Cremer. À ce moment-là, j'ai su que, même si par la suite je devais galérer, je serais comédienne.

Des tournées avec le spectacle de Chantal Goya et le tournage d'un film ont-ils été compatibles avec une scolarité « normale » ? Quand je suis partie en Suisse tourner *Le Livre de Marie*, j'avais une préceptrice que je détestais, car elle me faisait travailler tous les soirs ! Malgré tout, j'ai suivi une scolarité normale jusqu'en seconde. Comme je voulais faire le Conservatoire d'art dramatique de Paris, je me suis inscrite dans une école privée de théâtre qui préparait au concours d'entrée. Pour me payer ces cours, j'ai fait de nombreux petits boulots : serveuse dans des bars ou des restaurants, et j'ai même été chauffeur !

Prendre des cours a-t-il été un élément déclencheur dans votre jeune carrière ? Oui, après trois mois de cours, je suis partie jouer dans une série en Belgique et en Suisse ; j'ai tenté ensuite le Conservatoire, mais j'ai raté deux fois le concours d'entrée. J'ai un peu douté à ce moment-là, mais en même temps, en pensant à Louis Jouvet,

Carte d'identité

Formation : Studio 34 ; cours Vera Gregh ; cours Max Naldini

Cinéma : *Le Livre de Marie ; Portrait chinois ; Yamakasi ; Incontrôlable*

Courts-métrages : *La Correction ; Le Hasard et la Haine ; Chassé-Croisé ; Loin de Syracuse ; Lovely Rendez-Vous*

Théâtre : *Le Soulier qui vole ; L'Homme aux fourmis rouges ; Comment j'ai découvert l'Amérique ; Grenouille en haut et Vache folle en bas*

Télévision : *L'Attente ; Carré d'as ; La vie est belle ; Filles à papa ; Quartier libre ; Strangers ; Les Années fac ; Les Vacances de l'amour ; Studio des artistes ; C'est cool ; Divorce ; Blague à part ; Le Prix de la vérité ; Rosalie s'en va ; Commissaire Moulin, « Bandit d'honneur » ; La Crim', « Meurtre sous influence »*

Langues – divers : anglais, espagnol ; danse classique et africaine, modern-jazz ; natation, vélo, sports d'équipe

qui n'avait jamais réussi à entrer au Conservatoire, je me suis dit qu'il fallait persévérer. De plus, je n'ai pas eu le temps d'avoir d'états d'âme longtemps, car j'ai commencé à travailler très vite : j'ai été embauchée dans *Les Années fac*. C'était très violent, car on recevait les textes le matin et on jouait l'après-midi. J'ai ensuite participé à des courts-métrages ainsi qu'à des pièces de théâtre ; je pense que le théâtre est la plus belle expérience au monde. Je n'ai malheureusement joué que deux pièces, une assez tragique, *L'Homme aux fourmis rouges*, puis une comédie, *Comment j'ai découvert l'Amérique*, d'après un texte de Stefan Zweig. Je me souviens que, lors de la première, j'ai repéré dans la salle, en dépit de l'obscurité, le sourire de ma mère. Elle est mon public numéro un.

Avant d'évoquer *Plus belle la vie*, retraçons votre parcours en évoquant quelques moments importants… Il y a eu bien évidemment le spectacle avec Chantal Goya, puis mon premier film, très marquant, car il correspond au moment où j'ai commencé à gagner de l'argent en faisant ce que j'aimais. Il y a eu également le théâtre, des rencontres majeures comme avec Luc Besson ou Bertrand Cantat, que j'ai connu en jouant dans le clip de Noir Désir, *Le vent nous portera*, le tournage d'*Incontrôlable*, et enfin Laurent Fontaine et Pascal Bataille, qui m'ont recrutée pour l'émission de télévision *Y'a que la vérité qui compte*.

Comment vous êtes-vous retrouvée dans ce talk-show alors que vous êtes comédienne ? C'est très simple : avec leur société de production, Loribel, ils produisaient l'émission *Zéro de conduite*, une sorte de caméra cachée qui permettait à quelqu'un de piéger une personne de son entourage. Pour l'un de ces programmes, ils recherchaient une comédienne pour jouer le rôle d'une fiancée « impossible ». Ma prestation a beaucoup plu, et Bataille et Fontaine m'ont alors proposé de participer à *Y'a que la vérité qui compte*. Tous mes amis m'ont déconseillé d'accepter, me disant que je serais cataloguée comme la présentatrice « blondasse » de la télévision et que je ne pourrais plus obtenir d'autres engagements. J'ai accepté malgré tout, et j'ai collaboré à l'émission pendant trois ans.

Poursuiviez-vous une carrière de comédienne parallèlement ? Oui, et je tiens à remercier Dominique Guillot, comédien et réalisateur, qui m'a repérée grâce à l'émission et m'a appelée pour jouer dans *La Crim* ; ça m'a fait plaisir que ça arrive de cette façon-là.

Quand et comment vous êtes-vous retrouvée sur le casting ? J'ai tenté

le casting et j'ai reçu la réponse positive juste au moment où je montais sur un podium en robe de mariée chez Castel : j'étais tellement heureuse que ce fut, je crois, le meilleur défilé de mode que j'ai fait de ma vie.

Comment qualifieriez-vous vos débuts dans la série ? J'ai l'impression qu'on a commencé sur un petit radeau ; on était tellement motivés que, par la suite, on a acquis les rames, puis la voile, puis le moteur ; et maintenant, on a l'impression de naviguer sur un paquebot ! Le plus important est de rester tous motivés et vigilants, parce qu'il faut bien conduire le navire, tout de même ! De plus, on a la chance de former une équipe qui s'entend très bien, on a tous envie que « ça marche », envie de se perfectionner et d'apporter toujours plus à la série.

Tout à l'heure, vous me parliez du plaisir que vous éprouviez à interpréter Céline ; comment avez-vous façonné le personnage ? Il est évident qu'il y a un peu de Rebecca dans Céline et que plus les auteurs nous connaissent, plus ils s'inspirent de ce que nous sommes. Pour le reste, je me conforme à l'évolution de Céline souhaitée par les auteurs. L'intérêt d'être comédien, c'est également de se laisser porter et d'être surpris. J'ai eu avec *Plus belle la vie* une chance énorme : mon personnage a vécu tellement de situations différentes que je ne me suis jamais ennuyée.

Ne croyez-vous pas que l'une des recettes du succès de *Plus belle la vie* tient à l'authenticité des comédiens ? Oui, la grande force de la série – et c'est à la production qu'on le doit –, c'est le choix des comédiens ; les producteurs ont sélectionné des gens pour ce qu'ils étaient humainement, en pensant dès le départ qu'ils pourraient former une équipe.

Et la notoriété liée au phénomène *Plus belle la vie*, comment la vivez-vous ? C'est compliqué, la notoriété coupe de la vie normale. Je suis touchée par les lettres que je reçois, par ce que je lis sur Internet, par le fait que maintenant les gens écrivent plus à Rebecca qu'à Céline, mais d'un autre côté, je supporte moins bien que les gens ne respectent pas mon intimité.

Votre plus grand souvenir de tournage ? J'en ai beaucoup, mais deux scènes intenses me viennent à l'esprit : une séquence avec Serge Dupire dans laquelle nous devions nous insulter, et celle de la mort du personnage de Louis Barrel ; cette scène était très belle, je l'ai jouée avec Alexandre Fabre, et il s'est passé quelque chose de tellement troublant que j'ai éclaté en sanglots !

Pour revenir à votre personnage de Céline, comment est perçue sa relation homosexuelle par le public ? Les gens réagissent très bien, ils disent avoir rarement vu Céline Frémont aussi heureuse, détendue, comblée. Par conséquent, ils estiment que c'est une relation qui lui va bien. Cela m'a fait plaisir que les gens ressentent ça, et j'ai appris récemment que j'étais devenue une icône pour la communauté lesbienne ; c'est plutôt positif, et si je peux faire avancer les choses et permettre à certaines personnes de se « libérer » un peu, c'est que le message est bien perçu.

Vincent Chaumette

C'est à l'ombre de l'hôtel de ville, à la terrasse d'un bar ouvert le temps de la Régate de Marseille, que Serge, alias Vincent dans la série, m'a donné rendez-vous. D'entrée de jeu, Serge me parle de son amour pour la ville : « J'ai choisi cet endroit car nous sommes face aux deux symboles de Marseille : la Bonne Mère (NDA : la cathédrale Notre-Dame-de-la-Garde) et le Vieux-Port, qui est pour moi un endroit magnifique. J'adore cette ville ; autant Paris ne m'a pas manqué lorsque je suis allé jouer au théâtre à Montréal l'année dernière, autant je ne pouvais m'empêcher de penser à Marseille. »

Rémi Castillo : Et pourtant, ce n'est pas votre région d'origine ? Serge Dupire : En effet, mon nom est d'origine flamande et mon grand-père, qui vivait en Bretagne, est parti pour le Canada au début du siècle dernier. La famille s'est installée là-bas et c'est donc au Canada que j'ai passé les trente premières années de ma vie.

Étiez-vous déjà comédien lorsque vous viviez au Canada ? Tout à fait, et d'ailleurs je travaillais énormément durant toutes ces années. Je suis apparemment toujours considéré comme une star au Canada. J'en suis parti car je voulais me remettre en question, je cherchais d'autres façons de travailler. Le hasard a voulu que ce soit en France que je rencontre la mère de mes enfants, je m'y suis donc installé. Pour moi, la France, c'est un « miracle » : je viens d'un pays qui fait trois fois et demi le territoire français mais qui a dix fois moins de variétés de paysages.

Revenons à votre jeunesse au Canada : sentiez-vous déjà germer en vous le désir de devenir comédien ? Quand j'étais petit, j'avais trois envies : je rêvais d'être architecte, avocat ou acteur. Le hasard a bien fait les choses, car grâce à *Plus belle la vie*, deux de ces envies ont été comblées : en tant que comédien, j'interprète le rôle d'un architecte. De plus, étant donné que dans la série je vais travailler beaucoup plus avec Frémont, je me ferai un peu l'avocat du diable ! (Rires)

Quelle était la profession de vos parents ? Mon père travaillait pour la ville de Montréal – il se trouvait derrière le général de Gaulle quand celui-ci a lancé son fameux « Vive le Québec libre » –, puis il a été chargé des affaires culturelles pendant l'Exposition universelle de 1967 et il a créé le programme culturel des Jeux olympiques en 1976. Quant à ma mère, elle a compté, avec ses sœurs, parmi les premières cantinières sur les tournages au Québec.

Comme quoi, vous sembliez prédestiné à embrasser cet univers… En effet. Avec mes frères, on jouait des saynètes, puis les choses se sont faites naturellement. À treize ans, je me suis inscrit dans une troupe de théâtre amateur et là, j'ai eu le déclic : le public,

Carte d'identité

Cinéma : *Hit and Run ; Le Ciel sur la tête ; La Conciergerie des monstres ; Louis, enfant roi ; L'Automne sauvage ; Mémoire traquée ; Walkan ; Les Années lumières ; Les Années terribles ; Chasse gardée ; L'Île ; Le Matou ; La Femme de l'hôtel ; Le Crime d'Ovide ; Les Plouffe ; Éclair au chocolat*

Théâtre : *Nathan le Sage ; La Surprise de l'amour ; Les Enfants de chœur ; 26 bis, impasse du Colonel-Foisy ; La Poule ; Les Pommiers en fleurs ; Panique à Longueil ; Georges Dandin ; Les Précieuses ridicules ; Icare*

Télévision : *Femmes de loi ; Adventure Inc. ; Tribu.com. ; Napoléon ; Sandra et les siens ; Largo Winch ; Signes de vie ; Jusqu'à ce que la mort nous sépare ; Juliette Pommerleau ; L'Instit, « Père et Fils » ; Vice Vertu Vice Versa ; Si on faisait un bébé ; Les Alsaciens ; L'Amour coupable ; Jalna ; Meurtre en musique ; Trois femmes, un amour ; Le Prix d'une femme ; Quiproquo (Vive la comédie) ; Coup de foudre ; Adieu mes jolis ; Formule 1 ; L'Île ; Cats Squad ; Another World ; La Bonne Aventure ; L'Épreuve ; Chez Denise*

Langues – divers : anglais, espagnol ; karaté, hockey, natation, équitation, danse

le trac, l'excitation de la scène, les textes… Cette attirance pour les mots, je la dois à mon père, qui aimait beaucoup écrire.

Comment s'est passée votre ascension sur la scène québécoise ? J'ai commencé par faire l'École nationale de théâtre du Canada, qui a le même fondateur que celle de Strasbourg. J'y suis entré à une époque où je correspondais à la vision que les metteurs en scène avaient d'un certain type de personnage. J'ai vraiment eu beaucoup de chance. J'ai quitté l'école en 1979 puis, jusqu'en 1988, j'ai fait beaucoup de théâtre, de cinéma, de télévision, et même de la radio. J'ai également toujours chanté. D'ailleurs, aujourd'hui, je chante régulièrement dans le restaurant d'un ami… et ça me plaît grave !

Donc, ce qui vous intéresse, c'est l'émotion sous toutes ses formes ? Oui. Selon moi, de tout temps le mot « artiste » a été galvaudé : en réalité, un artiste, c'est quelqu'un qui monte au combat dans toutes les situations, qui est totalement dans la vie et qui essaie de l'améliorer au moyen de son art.

Quand et comment avez-vous décidé de venir en France ? J'ai commencé par apparaître dans des coproductions franco-québécoises comme *Le Matou* (avec France 2) et la série *L'Île* (avec TF1), d'après le roman de Robert Merle, puis j'ai enchaîné avec une autre série intitulée *Formule 1*. Ce sont plusieurs personnes rencontrées sur ces tournages qui m'ont conseillé de venir à Paris.

***Plus belle la vie* est arrivé dans quelles circonstances ?** Après avoir joué dans *Sandra et les siens* (production Telfrance), j'étais en train de tourner la série *Femmes de loi,* diffusée sur TF 1, lorsque la production m'a appelé, car elle avait pensé à moi pour le rôle de Vincent. Je me suis alors présenté au casting et j'ai été pris.

Avez-vous un souvenir précis du casting ? Oui, car je devais jouer une scène avec Hélène Médigue, qui interprète Charlotte, et lorsque nous avons répété, nous nous sommes rendu compte que nous n'avions pas la même version ! Je me suis donc isolé dix minutes afin d'apprendre la nouvelle séquence et je l'ai jouée aussitôt, la machine fonctionnait toujours.

Avez-vous eu le sentiment d'être proche du personnage de Vincent dès le début ? Lorsque j'étais enfant, je désirais être architecte, c'était donc assez facile pour moi d'entrer dans la peau du personnage. D'ailleurs, dans les premiers mois, nous avions des profils assez stéréotypés puis, au fil du temps, nous avons commencé à davantage les nuancer. Vincent, par exemple, était orgueilleux, prétentieux, et on a eu par la suite envie de le rendre plus humain.

Évoquons maintenant le phénomène *Plus belle la vie,* qui a fêté son 1 000e épisode cette année – fait sans précédent pour une série française. Comment analysez-vous ce succès ? Je n'ai jamais douté que ça marcherait, mais que ça devienne un tel phénomène… ! C'est comme si c'était un besoin du public ! Maintenant, pour expliquer la réussite de la série, je crois que cela tient en partie au fait qu'il y a tellement de personnages que chacun peut facilement s'identifier à l'un d'eux. *Plus belle la vie* colle vraiment à la réalité et aborde aussi de nombreux problèmes de société. Après deux ans de diffusion, la mairie soutenait que le

« phénomène » attirait 17 % de touristes en plus à Marseille…

Comment vivez-vous votre notoriété ? Je ne suis pas très médiatique et je n'aime pas exposer ma vie privée. J'adore pouvoir manger tranquillement en terrasse ! Cela dit, je n'ai jamais refusé de faire une photographie avec un fan. L'année dernière, alors que je suis parti jouer au théâtre à Montréal, j'ai été ravi de faire tout ce qui avait été programmé – télévision, radio, presse écrite – parce que c'était pour parler de ce qui me passionne, mon métier, et non pas de moi.

Et vos proches, comment réagissent-ils ? Lorsque mon frère est venu en France en mai 2008, à l'occasion de mes cinquante ans, il a été étonné de l'impact que rencontre la série. Quant à mes fils, ils prennent ça avec beaucoup de distance, ils s'y sont habitués.

Quels sont les avantages et les inconvénients que procure *Plus belle la vie* ? Déjà, le fait de travailler tous les jours, ce qui n'a pas de prix pour un comédien et lui permet de constamment s'améliorer ; et puis, malgré tout, cette notoriété apporte également des opportunités de rencontres intéressantes. Le principal inconvénient, c'est d'être estampillé « *Plus belle la vie* » dans le métier, mais je pense que, si on est patient, il est possible de dépasser ce handicap, les mentalités évoluent.

Qu'avez-vous envie de privilégier dans les mois ou les années à venir ? Dès septembre prochain, je reprends les récitals que je donnais avec une amie une fois par mois à l'Opium, le restaurant d'un copain. Que du bonheur ! J'ai également envie de me remettre à l'écriture. Le plus important, c'est de bien gérer sa vie pour pouvoir accomplir tous ses projets. Je pense que les années qui vont courir de mes cinquante à mes soixante ans seront les plus productives de ma vie ! (Rires)

On vous sent épanoui, serein… Avec le temps, je le deviens. En plus, dans *Plus belle la vie*, je joue actuellement avec Alexandre Fabre, qui prend lui aussi ce recul. Du coup, on s'amuse beaucoup, car on fait notre métier plus sereinement. On dit : « Si jeunesse savait, si vieillesse pouvait » ; je peux encore et je commence à savoir, c'est donc plutôt agréable. Je trouve que la vie est bonne pour moi, et j'ai très envie de continuer à en profiter.

Et le cinéma, n'est-ce pas un regret ? J'ai confiance. Lorsque les gens du métier seront revenus de cette sorte de condescendance à l'égard de *Plus belle la vie*, l'approche va changer. Il ne reste plus qu'à croiser les doigts et à attendre.

Quelle question Vincent pourrait-il poser à Serge ? Pourquoi n'es-tu pas devenu architecte ?

Ninon Chaumette

AURÉLIE VANECK

C'est à un rendez-vous « sportif » que me convie Aurélie, installée sur un rocher face à la mer, au Cercle des nageurs de Marseille. « Je viens souvent ici, me dit-elle, car j'aime cet endroit, avec ses trois piscines, sa vue imprenable sur l'île du Frioul et le château d'If. »

Rémi Castillo : On vous sent très attachée à cette ville et pourtant, vous n'en êtes pas originaire, je crois ? Aurélie Vaneck : En effet, j'ai passé mes six premières années en région parisienne puis, avec mes parents, nous sommes partis nous installer à Bergerac, en Dordogne, avant d'arriver à Bordeaux lorsque j'ai eu quinze ans. Je me suis alors inscrite dans un lycée-théâtre tout en suivant parallèlement les cours du conservatoire de Mérignac. Après le bac, je suis partie à Paris suivre des cours de théâtre dans une école privée.

Avec le nom que vous portez, qui évoque aussitôt votre grand-père, Pierre Vaneck, pensez-vous que votre vocation était inscrite dans vos gènes ? Je pense, en effet, qu'il existe une sensibilité, un éveil artistique, et il est vrai que, du côté de ma famille maternelle, il y a beaucoup d'artistes, de musiciens, que ce soit au théâtre ou au cinéma. En revanche, mon grand-père ne nous a jamais emmenés sur les plateaux et nous l'avons rarement vu dans son milieu professionnel. Je me souviens que c'est vers l'âge de dix ans que j'ai eu envie de devenir comédienne, puis cette volonté s'est renforcée avec ma participation à l'atelier théâtre du collège. Je m'y suis sentie bien et j'ai su sans hésitation que c'était le milieu dans lequel je voulais évoluer.

Quelle a été la réaction de vos parents quand vous leur avez dit que vous désiriez devenir comédienne ? Ils ne m'ont ni poussée ni découragée, mais ils ont attendu de voir si ma passion était tenace et, lorsqu'ils en ont eu la preuve, ils m'ont soutenue. Ils ont quand même accepté que je quitte la maison à quinze ans pour que je réalise mon rêve !

Votre grand-père vous a-t-il encouragée ? Non, il m'a déconseillé de m'orienter dans cette voie, précisant que c'était un métier de fou, sans vie privée… Il semble se méfier de ce milieu dont il a certainement eu à souffrir, mais comme, en même temps, c'est toute sa passion, il ne pouvait que me comprendre ! Lorsqu'il s'est rendu compte que j'étais déterminée, il m'a présentée à son agent, qui est devenu le mien.

Quand on prend des cours de théâtre en s'appelant Vaneck, on doit avoir encore plus de choses à prouver ? C'est certain, on nous attend au tournant, mais Pierre n'avait jamais parlé de nous, ça a donc attisé la curiosité, mais ça s'est arrêté là. Je pense aussi que l'écart de deux générations a rendu les gens plus indulgents. De plus, Pierre est un acteur qui inspire le respect.

CARTE D'IDENTITÉ

Formation : conservatoire de Mérignac ; ateliers du Sudden ; cours de Raymond Acquaviva ; cours de comédie musicale, chant, danse

Court-métrage : *Ben et Thomas*

Moyen-métrage : *L'Audition*

Théâtre : *Chroniques ; Prunus ; Ubu roi ; La Mastication des morts ; Chambre ; Vues de Koltès*

Téléfilms : *Le Tuteur ; Blandine l'insoumise*

Quels conseils vous a-t-il donnés à vos débuts ? D'articuler, de prendre mon temps. Il m'a vue récemment dans le film de Corinne Touzet et il a trouvé que j'avais de la présence et de l'énergie, mais il fait surtout des remarques quand ça ne va pas ! Il est exigeant avec moi, et ça m'encourage à être meilleure.

Lorsque vous étiez en « apprentissage », avez-vous connu des périodes difficiles, des doutes, par rapport à ce métier ? Bien sûr, car le théâtre est avant tout un apprentissage de soi. Je me suis souvent demandé si j'étais faite ou non pour le métier de comédienne. C'est très difficile de se juger objectivement !

Racontez-nous les circonstances qui vous ont amenée au casting de *Plus belle la vie*. J'avais déjà rencontré Michelle Podroznic, la productrice, sur le tournage de *Blandine l'insoumise*, peu de temps auparavant, et un jour mon agent m'a appelée pour me demander si j'étais prête à partir vivre un an à Marseille. Je me suis présentée au casting et j'ai su que j'étais prise quelques semaines plus tard, en sortant de mon audition de fin d'année avec tous mes potes de cours. J'étais hystérique ! (Rires)

Vous étiez contente mais, les premiers mois, la série ne marchait pas vraiment. Après avoir connu le bonheur et l'émotion d'avoir été retenue, vous avez dû vivre des périodes de stress ? Non, j'étais totalement inconsciente : c'était seulement la deuxième fois de ma vie que j'arrivais sur un plateau. De plus, la production et Richard Guedj, le directeur d'acteurs, se sont très bien occupés de nous, tout en réussissant à fédérer le groupe. J'étais décontractée, j'avais l'impression d'être en vacances…

Quelles ont été vos impressions les premières fois que vous vous êtes vue à la télévision ? J'étais loin d'être enthousiaste : je ne supportais pas ma voix, je trouvais que je faisais des mimiques terribles. Aujourd'hui, j'ai un regard plus objectif sur mon travail et j'arrive tant bien que mal à ajuster le tir.

Le succès embellit les choses aussi ; quand ça marchait moins bien, vous aviez peut-être tendance à être plus négative… Je n'avais pas pensé à cela, mais c'est sans doute vrai. Il faut dire également qu'au début nous n'avions pas les mêmes moyens…

La 1 000ᵉ d'une série française, c'est une première ; comment vivez-vous ce succès ? *Plus belle la vie* fait partie de ma vie ; c'est une belle récompense, car on y a mis tout notre cœur, toutes nos tripes. J'ai grandi et évolué avec cette série et je remercie le Ciel tous les jours pour cette aventure. En même temps, je garde la tête froide, car le succès peut retomber aussi vite, et le plus important, c'est de durer et de faire les choses qu'on aime.

Quels sont les points positifs et négatifs de *Plus belle la vie*?
Le gros point positif, c'est de travailler, d'avoir accès à un laboratoire qui me permet de tester des tas de choses, de ne pas prendre trop d'habitudes. En ce qui concerne les aspects négatifs, en ce moment, je n'en vois pas trop !

Quels progrès avez-vous faits depuis le début ? J'ai appris à simplifier, à me maîtriser sur un plateau, à me dégager des contraintes techniques ; en même temps, quand je regarde les premiers épisodes, je me dis que j'ai peut-être perdu en spontanéité…

Des souvenirs de tournage, des images marquantes ? Beaucoup de fous rires avec Ambroise et Anne, qui jouent Rudy et Luna, des moments d'émotions fortes avec Ambroise et Ludovic, qui joue Benoît. Des moments durs aussi, avec de grosses frustrations lors de scènes ratées. Des souvenirs d'instants, enfin, où il faut gérer à la fois sa vie privée et son travail sur le plateau.

Justement, puisque vous parlez de la vie privée, la notoriété liée à la série ne pose-t-elle pas trop de problèmes ?
Non, parce que j'ai toujours séparé ma vie privée de ma vie professionnelle ; on ne l'a jamais vue étalée dans les journaux et j'y tiens…

De la même façon, n'y a-t-il pas des scènes difficiles ou délicates à jouer, comme les scènes déshabillées ou de baisers ? C'est vrai, j'ai embrassé la terre entière ! (Rires) Et pourtant, je suis extrêmement pudique ; le plus difficile, lors des scènes d'intimité, c'est de créer une complicité, une intensité avec quelqu'un qui débarque et que l'on ne connaît même pas ! Avec Ludo, qui interprète le rôle de Benoît, on tisse, on apprend à se connaître, on trouve des petites connexions et une complicité, au fur et à mesure.

Ninon a pris une réelle dimension dans *Plus belle la vie*, elle est devenue une héroïne à laquelle les jeunes femmes s'identifient… Ninon fait partie des piliers de la série, mais ce n'est pas une héroïne. Elle est présente dans beaucoup d'histoires et c'est vrai que ça me permet d'être vue souvent.

Pensez-vous à l'après-*Plus belle la vie*? Avez-vous d'autres projets ?
J'ai travaillé avec une troupe de théâtre nouvellement installée à Marseille ; j'ai joué avec elle *Le Cabaret Nono* en février dernier, et elle m'a ensuite proposé *Le Labyrinthe*, que j'ai interprété au mois d'octobre. Donc, la vie est belle et je continue de progresser…

Léo Castelli

Pierre Martot

C'est dans sa cuisine que Pierre m'a donné rendez-vous. « La porte-fenêtre ouvre sur une terrasse donnant sur un jardin : quelques roses, mouillées par la pluie de juin, sont balayées par le vent. Il y a sur un mur des photographies de mes enfants. J'aime cette pièce parce qu'elle donne sur un espace de verdure et que mes racines sont à la campagne. »

Rémi Castillo : Évoquons justement les jeunes années du petit Pierre… en province, donc ? Pierre Martot : Oui, mes grands-parents étaient paysans en Normandie ; mon père a quitté la campagne pour devenir menuisier dans la ville la plus proche, Yvetot.

Ressentez-vous toujours vos racines normandes ? Je les entretiens, je les sens, comme un paysan qui serait devenu acteur par erreur.

Pourquoi « par erreur » ? En devenant acteur, j'ai peut-être gagné une capacité à mettre des mots sur ma vie, mais j'ai sans doute perdu une certaine humilité et une simplicité que je retrouve toujours chez les gens de la campagne : parce que *là-bas*, la nature et le climat font la vie de tous les jours et on ne peut pas faire le malin avec ça. J'écris beaucoup sur ma famille. Je suis profondément attaché à ce monde dont je parle : les gens qui travaillent la terre, les artisans, les ouvriers, tout ce monde en train de disparaître au profit d'un autre exclusivement dominé par la technique. (NDA : Pierre est très ému, il s'interrompt quelques instants.) Je trouve le monde actuel dur : j'ai grandi durant les Trente Glorieuses, mon père travaillait comme un dingue, ma mère avait créé une école, et il me semble que ce monde du travail rendait plus optimiste qu'on ne l'est aujourd'hui. L'importance qu'a pris l'argent de nos jours m'effraie, m'exaspère et me révolte.

« Comédien par inadvertance » ; dans ce cas, quel genre de carrière envisagiez-vous ? Footballeur professionnel, comme tous les garçons un peu sérieux de mon âge. (Rires)

L'envie de devenir comédien est apparue dans quelles circonstances ? Après le bac, j'ai commencé des études d'économie. Mais, à l'âge de vingt ans, j'ai perdu ma petite amie d'une maladie… Ça a complètement bouleversé mon rapport à l'existence : j'ai eu le sentiment que tout ce que j'avais vécu jusque-là était faux… que la vie était un grand cirque… et j'ai commencé des études de psychologie, car je voulais comprendre. Devenir acteur, après avoir terminé ces études et exercé comme

Carte d'identité

Formation : Philippe Adrien, Jean-Claude Fall, Christian Rist, Jean-Christian Grinevald, Philippe Minyana, Ariane Mnouchkine, Michel Lopez, Kazem Shahryari, John Strasberg, Catherine Delattres, Yves Pignot, Eloi Recoing

Cinéma : *Une affaire de femmes ; Il gèle en enfer ; Madame Bovary ; Betty ; Pétain ; La Naissance de l'amour ; Tykho Moon ; Le Jaguar ; Rien ne va plus ; Une minute de silence ; En plein cœur ; Au cœur du mensonge ; Ligne 208 ; Le Vélo de Ghislain Lambert*

Théâtre : *Brecht, une biographie ; La Noce chez les petits bourgeois ; Théâtre/Roman ; Le Procès de Jeanne d'Arc ; Antigone ; Œdipe roi ; L'Opéra de quat'sous ; La Bibliothèque censurée ; La 4ᵉ guerre mondiale a commencé ; La Toison d'or ; Médée ; Paroles de détenus ; Un ennemi du peuple ; The Rain-Kaddish*

Télévision (tournages les plus récents) : *Navarro « Squatters », « Voleurs sans défense », « Vengeance aveugle » ; Qui est mon père ? ; Le Rêve d'Esther ; Cordier juge et flic, « Le Petit Juge », « Adieu mulet », « Sang froid » ; Une mère en colère ; Les Pédiatres ; L'Instit, « Touche pas à mon école » ; Médecins de nuit ; Julie Lescaut, « Bal masqué » ; Vérité oblige, « L'Avocat du diable » ; Julien l'Apprenti ; Sauvetage ; C'est votre enfant ; Justice de femme ; Prisonniers du silence ; L'Agence ; Avocats et associés*

psychologue pendant un an, c'était encore chercher à comprendre : qu'est-ce qu'un être humain, qu'est-ce qu'on fout là, à quoi je sers… ? Pour moi, il était hors de question de mener la vie que je voyais mener autour de moi : obéir à des horaires, à des chefs…

Comment êtes-vous arrivé à *Plus belle la vie* ? J'ai commencé par le théâtre : les grands textes – Brecht, Tchekhov, Beckett –, la meilleure école de toute ma vie… Mais j'avais envie d'être connu, de toucher un public plus large. C'était de la pure vanité ! Alors j'ai fait du cinéma et de la télévision. C'est comme ça que j'ai été engagé dans *PJ* ; presque dix ans plus tard, Michelle Podroznik s'est souvenue de moi et m'a proposé le rôle de Léo dans la série.

Vous êtes-vous dit : « Ce rôle est pour moi » ? Oui. Léo est un personnage assez secret mais très vivant, en fait, comme le révèle sa rencontre avec Agathe. Et c'est aussi un guerrier. Il est sincère avec les gens et épris de justice. Je l'ai tout de suite aimé.

***Plus belle la vie* est arrivé dans votre vie comme un miracle ?** Ça a été un coup de bol. La notoriété, pour un acteur, c'est vraiment un coup de bol… Mais j'ai aussi beaucoup travaillé…

Léo aussi a perdu sa compagne. Au fil des interviews, je me rends compte que *Plus belle la vie* a rattrapé beaucoup de comédiens sur le terrain de leur propre vie… En effet, plusieurs d'entre nous ont vécu des expériences assez proches de celles que vivent nos personnages. Il y a des coïncidences troublantes… Je crois qu'on dégage dans notre façon d'être, peut-être dans notre façon de bouger, ou dans notre regard, dans notre voix, des choses qui témoignent de ce que nous avons vécu ; cela inspire les gens censés écrire des histoires pour le feuilleton, sans même qu'ils s'en rendent compte.

Que se passe-t-il quand vous devez jouer une scène qui ressemble à une situation vécue ? Comment le gérez-vous ? On joue mieux des situations qu'on a vécues, c'est sûr. Parce que c'est plus concret. On peut évidemment essayer de se souvenir et de se servir de notre expérience… mais il faut aussi se méfier des sentiments qui refont surface , surtout dans les scènes très fortes, des émotions qui surgissent au moment où l'on joue et qui n'ont rien à voir avec la scène écrite, mais avec la scène vécue… Il faut être vigilant et ne jouer que ce qui est écrit. Si on prend l'art de jouer pour une thérapie, on risque de se faire très mal, et c'est aussi un peu malhonnête vis-à-vis du public.

Les gens qui vous appellent Léo dans la rue, c'est facile à vivre ? Non, parce que c'est très difficile de donner aux gens autant qu'ils nous demandent. J'ai du respect pour eux, mais je suis aussi très attaché à ma liberté.

Cette notoriété envahissante pourrait-elle vous pousser à quitter *Plus belle la vie*? Ah non ! (Rires)

Aujourd'hui, grâce à la série, vous sentez-vous utile ? D'une certaine façon, oui. Parce que je sais qu'il y a des gens qui sont seuls et pour qui le rendez-vous avec *Plus belle la vie* est l'unique de la journée.

Comment aimeriez-vous voir évoluer le personnage de Léo ? Peut-être que Léo, qui est souvent mêlé à des affaires criminelles, pourrait par moments être confronté à une délinquance plus ordinaire, pour être davantage au cœur de la vie des gens, de cette détresse qui est le quotidien de la vie d'un flic.

Comment réagissent les policiers lorsqu'ils vous reconnaissent ? Je parle souvent avec les policiers que je rencontre. Je leur pose des questions sur leur travail et je me documente beaucoup. Je tiens à être crédible, même si je sais que Léo est d'abord une créature de la télévision. Je ne me considère pas comme un artiste, mais comme un ouvrier qui a la chance de pouvoir se réaliser à travers son travail. Il y a quelques jours, je parlais avec l'un d'entre eux qui m'expliquait la difficulté de son métier. Il a fini par dire : « Enfin, c'est pas à vous que je vais apprendre ça… », comme s'il me considérait véritablement comme un collègue ! Évidemment, ça m'a flatté et je me suis dit : « Avec tout le mal que je me donne, ça marche… » Ça m'a amusé, aussi… Parce que je n'oublie pas que je suis acteur, c'est-à-dire quelqu'un qui joue et qui, grâce à cela, s'échappe de la réalité ; alors qu'être flic, c'est être confronté à la réalité, et souvent dans ce qu'elle a de plus ardu.

Valérie Baurens

Agathe Robin

Valérie m'a donné rendez-vous dans un endroit assez emblématique de Paris que je lui laisse nous présenter : « Nous sommes sur le Champ-de-Mars, à côté du monument de la Paix et face à la tour Eiffel. J'habite près d'ici et j'aime beaucoup venir m'y détendre. »

Rémi Castillo : Afin de situer votre parcours, pouvez-vous nous dire d'où vous venez ? Valérie Baurens : J'ai vécu vingt ans dans les Pyrénées, d'abord dans la vallée de Gavarnie, puis dans celle de Luchon.

Quel genre d'enfant étiez-vous ? J'étais très vive, très enjouée, extravertie, enthousiaste. À l'adolescence, je me suis davantage repliée sur moi-même, car j'avais vécu comme un véritable traumatisme le fait de devoir déménager. Cela a été une coupure totale avec mes amis, mes racines, l'univers de mes onze premières années… Du coup, je suis devenue beaucoup plus timide, et quelque chose de triste est apparu dans ma personnalité.

À quel moment avez-vous réalisé que vous aviez envie d'être comédienne ? Depuis toujours, je crois. Je possède encore de petits films où l'on me voit, âgée de cinq ans, en train de me déguiser et de chanter – je rêvais de devenir chanteuse et j'imitais Sylvie Vartan ! Trois ans plus tard, mon grand frère s'est mis à écrire des petits scénarios que nous jouions, avec mes nombreux cousins, lors des fêtes de famille. On a ainsi fait cinq ou six films et ma vocation s'est alors renforcée.

Quel cursus scolaire avez-vous suivi ? Après un bac scientifique, j'ai fait pendant deux ans un IUT (Institut universitaire de technologie) d'informatique ; j'avais déjà pour projet de « monter à Paris » faire du théâtre, mais mes parents m'avaient demandé de passer d'abord un diplôme. En 1990, le DUT (Diplôme universitaire de technologie) en poche, je suis donc partie à Paris et mes parents ont été géniaux en finançant ma première année.

Comment s'est passée votre arrivée à Paris ? Quelques années auparavant, j'avais rencontré, à l'occasion du festival de Gavarnie, François Joxe, qui est comédien et metteur en scène. Durant l'été, j'avais participé à des spectacles comme stagiaire comédienne, et il m'avait parlé des conservatoires d'arrondissement au sein desquels il enseignait. Donc, une fois à Paris, j'ai passé tous les concours d'entrée à ces conservatoires et j'ai choisi celui du Xe arrondissement, qui comprenait le plus grand nombre d'heures de cours et offrait l'enseignement le plus complet possible. J'y suis restée trois ans.

Quelles ont été les rencontres déterminantes à cette époque ? J'ai été engagée dès ma sortie du conservatoire dans la compagnie Barré-Borelli, suite à une audition que j'avais pu passer grâce à l'intervention d'une comédienne rencontrée là-bas. Pendant deux ans, j'ai travaillé sur des tournées scolaires, nous jouions jusqu'à soixante fois en trois mois. Ce fut une école formidable pour me perfectionner dans le métier. Ensuite, j'ai rejoint une autre compagnie : Cathar6,

Carte d'identité

Formation : conservatoire du Xe arrondissement de Paris avec Jean-Louis Bihoreau et Jean-Pierre Martineau

Cinéma : *Daisy et Mona ; Jeunesse ; Laissez-Passer ; Un vrai bonheur*

Courts-métrages : *L'Éternel garcon ; L'Homme le plus beau du monde*

Théâtre : *Saint Christophe Colomb ; Le Champignon magique ; Guguss et Tripotinette ; Paris-Béguin ; Le Médecin malgré lui ; L'Avare ; In Cauda Venenum* et *Cave Canem ; Andromaque ; Nouvelle Vague ; Tartuffe ; Ruy Blas ; Un vrai bonheur ; Monty Python's Flying Circus*

Télévision : *Les 30 dernières minutes ; Les Trésors d'Anaïs ; Les Jours euros ; Le Grand Patron « Le Froid qui sauve » ; Femmes de loi « L'Œil de Caïn » ; L'Insoumise ; Homicides*

Publicités : Carte d'or ; Cuisines Plus ; Les Moëlleux de Saint-Michel

Langues – divers : anglais, espagnol, italien ; ski, tennis, équitation, jonglerie, escalade, danse, escrime de spectacle ; chant lyrique, piano

dirigée par Vincent Viotti, un comédien et metteur en scène, également rencontré pendant ma formation. J'y ai passé sept ans… Sept ans de fous rires !

Pour autant, à un moment donné, avez-vous éprouvé de la lassitude, l'envie de passer à autre chose ? Après sept ans de commedia dell'arte sur des tréteaux avec Cathar6, j'ai eu le sentiment d'être arrivée au bout de quelque chose et j'ai eu envie de poursuivre ma route en explorant davantage le monde de la caméra. Je suis restée au moins un an sans jouer et j'ai alors fait plein de petits boulots, comme serveuse, vendeuse ou hôtesse d'accueil. Ça a été une période assez difficile, mais je continuais à assumer mes choix !

Comment vous en êtes-vous sortie ? J'ai rencontré le réalisateur Claude d'Anna, qui m'a engagée sur la série *Blandine l'Insoumise*. J'ai tourné dix épisodes en trois ans. C'était l'histoire d'une famille d'agriculteurs, et je jouais la belle-sœur de l'héroïne, totalement décalée par rapport à cet univers. J'avais un vrai rôle de bimbo sympathique, un peu nature, à la limite de la naïveté. J'ai aussi tourné plusieurs téléfilms avec un autre réalisateur, qui est devenu un grand ami : Emmanuel Gust. Parallèlement, je continuais à faire du théâtre grâce à une rencontre importante avec le metteur en scène Didier Caron. Je suis partie en tournée pendant plus de six mois pour jouer dans *Un vrai bonheur*, avant de tourner dans l'adaptation cinématographique de la pièce. Ensuite, j'ai connu à nouveau une période sans travail, qui a duré environ huit mois.

C'est à ce moment-là qu'est arrivé *Plus belle la vie* ? Oui. Un jour, mon agent m'a proposé de faire des essais, et je suis partie passer le casting à Marseille sans *a priori*. J'ai fait l'aller-retour dans la journée, mais je ne pensais vraiment pas décrocher le rôle d'Agathe après deux répétitions et deux prises qui avaient duré vingt minutes seulement ! Cinq jours après, pourtant, j'ai reçu un appel m'annonçant que j'avais été retenue ; j'étais évidemment ravie.

Parlez-nous de votre personnage : comment pourriez-vous décrire Agathe ? Agathe est une ancienne prostituée qui a fait une croix sur son passé douloureux ; je l'ai donc perçue comme une femme très volontaire, courageuse, avec une sacrée force intérieure. Je l'imaginais comme quelqu'un de fort et en même temps de très fragile, en raison des épreuves qu'elle avait traversées et qui laissent forcément des traces. Finalement, elle me ressemble pas mal avec son côté volontaire.

Gardez-vous un souvenir précis de votre premier jour de tournage ? Parfaitement, c'était avec Pierre Martot, qui joue le rôle de Léo. C'était très intense, parce que j'avais le trac, j'avais envie de faire du beau travail, de bien défendre le personnage et d'être à la hauteur de Pierre,

dont je trouve l'engagement incroyable depuis quatre ans qu'il joue dans la série. Par la suite, j'ai découvert la grosse machine que représente *Plus belle la vie*, avec son rythme de tournage infernal !

On s'habitue facilement au tourbillon médiatique lié à la série ? Non, car je n'y étais pas du tout préparée. J'ai été impressionnée de constater que l'on me reconnaissait dans la rue dès la première semaine de diffusion. J'ai été un peu perturbée par l'enthousiasme que la série suscite ; j'ai même vu des gens émus aux larmes se jeter dans mes bras dans le métro ! Il faut apprendre à gérer ce genre de situation…

Ce qui est formidable, justement, c'est de constater l'impact de votre personnage… Oui, comme ce jour où j'ai reçu la lettre bouleversante d'une jeune fille qui me disait que tous les matins elle pensait à Agathe et que ça lui donnait l'envie de se battre et de vivre, alors qu'elle avait déjà fait plusieurs tentatives de suicide. Ce jour-là, j'ai pris conscience que mon rôle ne consistait pas simplement à interpréter un personnage mais qu'il était porteur d'une responsabilité.

Pouvez-vous nous parler des moments forts que vous avez vécus sur le tournage ? Il y a des histoires très troublantes sur *Plus belle la vie*, de belles rencontres aussi, comme celle que j'ai faite avec Julien Oliveri, qui joue mon fils dans la série. Quelque chose de très fort est passé entre nous, et j'ai beaucoup d'amour maternel pour lui, même dans la vie. J'en suis fière, car je trouve que c'est un comédien fantastique. J'ai également développé de très belles relations avec d'autres partenaires, comme Pierre Martot, Blandine Bellavoir et Didier Cauchy : un vrai feeling est passé entre nous. Une des forces de *Plus belle la vie*, c'est d'avoir réussi à rassembler toutes ces personnalités différentes qui s'harmonisent parfaitement.

Jouer dans *Plus belle la vie* a-t-il modifié votre comportement ? Oui, j'ai énormément pris confiance en mes capacités de comédienne. Les rencontres que j'ai faites m'ont nourrie de nouvelles énergies.

En quelques mots, comment définiriez-vous la série ? Les mots qui me viennent à l'esprit sont « vérité et sincérité ». *Plus belle la vie* montre le quotidien, les choses de la vie, et c'est pour ça que les gens se sentent tellement concernés.

Estimez-vous que le titre *Plus belle la vie* est bien choisi ? Oui, car pour moi, cette série, c'est la vie, et je suis persuadée qu'elle la rend plus belle tous les soirs pour des millions de téléspectateurs.

Amalric Gérard

Jean-Baptiste Gauthier

C'est sur un bateau amarré dans le Vieux-Port que je retrouve Amalric Gérard, interprète du rôle de Jean-Baptiste. « Depuis trois ans que je suis à Marseille, précise-t-il, je n'avais encore jamais fait de bateau et je me suis dit que cette interview était l'occasion de monter à bord. »

Carte d'identité

Cinéma : *Une femme de ménage ; Le Commissaire Maigret et la princesse ; Grabuge !*

Court-métrage : *Déplacements naturels*

Théâtre : *Lorenzaccio ; Don Juan ; Andromaque ; Le Repas ; Les Nuits sans lune ; Littoral ; Une saison en enfer*

Coréalisation : *Samovar – Poupées russes*

Mise en scène : *Toto*

Rémi Castillo : Qu'est-ce qui vous plaît dans les bateaux ? Amalric Gérard : L'idée d'un autre monde tout près. Pour moi, les bateaux sont liés à la liberté, à l'évasion.

Pouvez-vous nous parler un peu de votre enfance ? Avez-vous beaucoup voyagé, justement ? J'ai beaucoup bougé en France, mais peu à l'étranger : je suis né à Orange, j'ai passé mon enfance à La Baule et à Guérande, puis je suis revenu dans le Sud, à Avignon, avant de vivre cinq ans à Paris ; je vis à Marseille depuis quatre ans, mais cet été, je pars m'installer dans le Sud-Ouest ! J'aime bien bouger. C'est aussi pour ça que j'aime les tournages et les tournées.

Quels étaient vos rêves d'enfant ? J'avais envie de voyager, dans le temps ou dans l'espace ! Être acteur me le permet. Plus jeune, je voulais être animateur de télévision ou de radio ; je traînais dans les coulisses de la radio locale, Radio Presqu'île. Tout ça me faisait rêver. Quelques années plus tard, j'ai animé deux émissions sur une petite radio associative à l'occasion du festival d'Avignon, mais j'ai vite arrêté, car je me suis rendu compte que c'était du boulot de préparer une émission ! N'est-ce pas ?

C'est vrai, je le confirme ! Et comment êtes-vous devenu comédien ? Au lycée, à Avignon, j'ai suivi un cours de théâtre, je m'y suis senti bien. C'est un espace où l'on peut se sentir libre. C'est Gad Elmaleh qui dit ça… Ce qui me plaît, c'est que, quand on joue, on s'éloigne de la vie matérielle, on est au cœur de la relation humaine. Dans *Don Juan*, de Molière, le spectacle de fin d'année, je jouais Pierrot, et Gérard Gelas, le metteur en scène de la troupe dans laquelle notre professeur, Guillaume Lanson, était comédien, est venu nous voir. Il a apprécié notre spectacle. L'année suivante, il a embauché l'acteur qui jouait Sganarelle pour sa mise en scène de *Lorenzaccio* de Musset, que j'adorais, et j'ai pensé : « Pourquoi pas moi ? » Je suis donc allé le voir deux jours avant le début des répétitions et il m'a dit : « Il n'y a pas de problème, mais si tu viens tu ne pourras pas passer ton bac… »

J'imagine que votre choix n'était pas évident ; avez-vous été soutenu par votre entourage? Ce qui est magnifique, c'est que ma mère m'a dit de faire ce qui me plaisait. J'ai donc débuté dans *Lorenzaccio* tout en passant mon bac en candidat libre, et je l'ai eu ! J'ai joué pendant deux ans dans cette troupe.

Qu'est-ce qui vous attirait dans le théâtre au point de vouloir en faire votre métier ? Le fait de prendre un risque tous les soirs. J'ai toujours eu un côté un peu kamikaze – et je pense qu'il faut l'avoir dans ce métier, sans quoi on s'emmerde, et le public aussi ! Il faut garder cette liberté.

Après *Lorenzaccio*, qu'avez-vous fait ? Je me suis retrouvé au conservatoire de Montpellier. On formait une bande sympa, les profs étaient adorables, on s'amusait. À Montpellier, il y avait le café-théâtre des Thélémites, où on allait manger et voir des extraits de pièces customisées… Après le conservatoire, je suis allé dans une école proche de Paris, à Asnières.

C'est à ce moment-là que le cinéma a croisé votre route ? J'étais barman dans un club de jazz rue des Lombards. Un jour, le patron m'a proposé de faire de la figuration : Claude Berri venait tourner dans le bar une scène de son prochain film, *Une femme de ménage*. Là, j'ai vu débarquer Claude Berri, Jean-Pierre Bacri et Gérard Moulevrier. Je me suis présenté au directeur de casting, le deuxième assistant m'a fait faire un essai et j'ai obtenu le rôle de Julien. Le personnage d'Émilie Dequenne devait quitter Bacri pour lui. Sept jours de tournage à Quiberon… Ensuite, j'ai joué dans *Maigret* avec Bruno Cremer. On tournait à Prague dans des décors des années 1950.

Et comment êtes-vous arrivé sur les plateaux de *Plus belle la vie* ? Je suis venu à Marseille par amour ; sur place, on ne me parlait que de la série ! J'ai envoyé un e-mail au directeur de casting et j'ai été convoqué pour faire un premier essai, puis un second avec Hélène Médigue. J'ai tout de suite senti que ça se passerait bien. Ce sont des gens qui ont envie de bien faire et qui sont ouverts d'esprit.

Quand on vous a dit que vous étiez pris, vous souvenez-vous de votre réaction ? J'ai attendu, attendu, et j'ai appris un vendredi que je commençais le lundi suivant. J'étais content, mais je ne connaissais pas encore la teneur du rôle et je ne pensais pas que ce serait aussi rigolo. Au départ, je ne devais rester que trois semaines.

Parlez-nous un peu de votre rôle. Comment l'avez-vous appréhendé ? Avec un grain de folie. Ce que j'aime dans le personnage de Jean-Baptiste, c'est son énorme côté « emmerdeur ». C'est un rôle qui m'a plu sur la durée et, dès le départ, j'ai fait confiance à Richard Guedj, le directeur d'acteurs. Il y a eu des moments incroyables, dans tous les sens du terme. Avec Jean-Baptiste, j'ai essayé des tas de choses…

Avez-vous un souvenir précis de votre premier jour de tournage ? On m'a

mis dans le bain avec une scène où je devais me suicider en avançant à pas lents dans la Méditerranée ! C'était une scène ridicule. Mais comme le ridicule ne tue pas et que Vincent est arrivé à temps… j'ai survécu !

Comment travaillez-vous votre rôle ? J'essaie d'y mettre de la drôlerie, sinon je m'ennuie, ça devient laborieux, autant arrêter à ce moment-là. J'aimerais pouvoir arriver sur le plateau sans connaître le texte, ce serait l'idéal. Se laisser surprendre ! Mais le rythme de *Plus belle la vie* ne permet pas d'aller jusque-là, alors, entre comédiens, on se fait des surprises…

Avez-vous eu des scènes difficiles à tourner ? Ce sont plutôt les fous rires qui ont rendu certaines scènes difficiles à jouer, enfin… à finir ! Quand on a des choses sérieuses à jouer, ça ne pardonne pas. Avec Sofiane Belmouden et Alexandre Fabre, notamment, on a beaucoup ri. Avec Dounia aussi. En fait, là où c'est plus difficile, c'est avec les gens qui se prennent au sérieux, mais sur *Plus belle la vie*, c'est plutôt rare…

Aujourd'hui, comment qualifier cette expérience ? La série m'a permis d'exercer mon métier – ce qui est déjà énorme quand on sait que 95% des acteurs sont au chômage –, de passer de bons moments avec les techniciens (qui sont les premiers à rire ou à pleurer), ainsi qu'avec les autres comédiens.

Et votre entourage, comment a-t-il réagi ? Avec sagesse. Mon grand bonheur, c'était de savoir que ma grand-mère, qui vivait en Bretagne, pouvait me voir tous les soirs à la télé.

Comment vous projetez-vous dans l'avenir ? Dans un film d'André Téchiné.

Maxime Robin

Julien Oliveri

La place des Vosges, à Paris, est l'endroit choisi par Julien, alias Maxime, pour réaliser cette interview car, précise-t-il, « ce n'est pas très loin de chez moi et c'est un endroit où je viens souvent. J'aime le côté rétro de la place, avec ses murs rosés et son atmosphère un peu provinciale ».

Carte d'identité

Formation : conservatoire Charles Munch en art dramatique, Paris ; Antibéa Théâtre (Antibes), cours adultes ; école de chant Price King (Cagnes-sur-Mer) ; Antibéa Théâtre cours adolescents classiques et contemporains ; École régionale d'acteurs de Cannes (Erac), atelier de formation initiale théâtre ; Antibéa Théâtre cours enfants classiques et contemporains

Théâtre : *Independence ; Carine ou la Jeune Fille folle de son âme ; Hamlet ; L'Amant ; Antigone ; Boris Vian ; Le Jeu de l'amour et du hasard ; Lysistrata ; Des pommes pour Ève ; Hommage à Victor Hugo ; Si Rimbaud... ; Le Médecin malgré lui*

Télévision : *Une femme d'honneur, « Violences conjugales », « Mortelle Cavale » ; Sous le soleil, « En crise »*

Auteur (littérature) : *Douleur de promesse*, Éditions Lachance, Québec, 2004 ; *C'est une vie !*, Éditions Lachance, Québec, 2000

Langues – divers : italien, anglais ; gymnastique, natation ; chant, piano

Rémi Castillo : Vous avez vingt-trois ans et déjà une belle carrière derrière vous, car vous avez fait vos débuts à l'âge de six ans. Pourquoi *Plus belle la vie* ?
Julien Oliveri : C'est mon agent qui me l'a proposé, mais je dois reconnaître qu'au début je n'ai pas sauté de joie, car je ne connaissais pas vraiment la série.

Qu'est-ce qui vous a décidé à vous présenter au casting ?
Le personnage de Maxime : la trame me parlait vraiment, j'ai ressenti qu'il y avait quelque chose à faire, et j'ai eu envie de donner vie à ce personnage.

Justement, quels traits de caractère de Maxime vous séduisaient ?
Peut-être le fait d'être très différent de lui. Maxime n'a pas eu de famille, il arrive de la Ddass, tandis que moi je vis dans un contexte familial idéal. Ce qui me plaisait, justement, c'était de travailler sur un personnage « imparfait », qui connaissait des rapports familiaux complexes. C'est un rôle super vivant. D'ailleurs, j'ai été surpris de constater, quand j'ai commencé dans la série, qu'il y avait beaucoup de situations intenses à jouer.

Une riche expérience de comédien, donc ? Tout à fait. Globalement, je prends l'expérience de *Plus belle la vie* comme une école, car on a très peu de temps pour jouer tout ce qui est écrit. En principe, on dispose de quarante minutes, répétitions comprises, pour chaque scène.

Évoquons maintenant votre parcours : vous avez donc démarré très tôt, grâce à votre grand-mère, je crois ?
En effet, c'est elle qui m'a inscrit, quand j'avais six ans, dans un cours de théâtre à Antibes, car elle estimait que j'étais trop introverti. Au début, elle avait peur que je ne veuille pas continuer, mais progressivement je me suis accroché, jusqu'à passer plus de temps sur mes cours de théâtre que sur mes devoirs scolaires. J'ai fini par ne plus rien faire à l'école, car je n'avais que le théâtre en tête. Je suis quand même allé jusqu'en terminale, mais je n'ai pas passé le bac, car j'étais entré à seize ans dans une école d'acteurs et, six mois avant l'examen, je devais jouer au théâtre tous les soirs.

Comment ont réagi vos parents ?
Mes parents m'ont toujours compris et encouragé, même si parfois ils étaient un peu inquiets pour moi, surtout lorsqu'à vingt ans je suis venu m'installer à Paris. Que ce soient mes parents, ma sœur ou mes grands-parents, ils ont toujours fait bloc autour de moi.

Que ressent-on lorsqu'on arrive à Paris à vingt ans sans y connaître personne ? J'ai eu une première année assez solitaire : j'arrivais d'Antibes, où j'avais une vie familiale, amicale et théâtrale très riche, tandis qu'à Paris, je ne connaissais effectivement personne. Puis je me suis présenté au conservatoire du XIe arrondissement, dont on m'avait parlé, et j'y suis resté pendant deux ans. C'est là-bas que j'ai fait mes premières rencontres

artistiques avec des personnes de mon âge, qui constituent pour moi une famille de comédiens. Ce conservatoire m'a permis, la deuxième année notamment, de mettre en scène une pièce que nous avons jouée à Paris avant de partir pour une petite tournée en province.

Pour revenir à *Plus belle la vie*, quelles ont été les réactions de votre entourage lorsque vous avez fait vos débuts dans la série ? Mes proches ont été fiers, mais comme ce sont des gens très terre à terre, ils ont bien réagi sans en faire trop pour autant. Ils ont surtout été contents de pouvoir me voir tous les soirs, car ces derniers temps, ils ne me voyaient plus beaucoup !

Comment vivez-vous cette notoriété soudaine ? C'est parfois oppressant, car c'était imprévu ; tout dépend des jours et des moments. J'ai vite réalisé que les gens viennent voir Maxime et non le comédien. C'est effrayant de constater que les gens nous confondent avec notre personnage.

Justement, vous n'avez pas peur que ce personnage vous colle à la peau et pénalise votre carrière ? Il me colle à la peau aujourd'hui, parce que je l'interprète en ce moment. À mon âge, porter une étiquette à cause de la série ne fait pas partie de mes craintes !
Je construis le personnage de Maxime quotidiennement, pendant le tournage ; comme tous les personnages, un jour, il finira par connaître une fin, et on passera à autre chose. Je rentre prochainement au Conservatoire national supérieur de Paris, je serai donc amené à retourner à l'école, et pas n'importe laquelle puisque c'est celle où beaucoup de grands acteurs, comme Isabelle Huppert, sont passés, et où les enseignants sont de grande qualité.
Pour moi, entrer au Conservatoire signifie échanger, rencontrer, apprendre, tout en prenant de l'expérience. *Plus belle la vie* fait partie de mon parcours, et je ne peux pas craindre d'être pénalisé : j'ai fait mon travail sur le personnage, c'est tout ce que j'avais à faire, j'ai appris et c'est là tout ce qui compte pour moi en tant qu'apprenti comédien.

Comment entrez-vous dans la peau du personnage ? Comme je tourne trois ou quatre jours par semaine – ce qui représente une quinzaine de séquences –, j'apprends tous mes textes le dimanche pour la semaine à venir. Je les mémorise en utilisant des codes afin de pouvoir passer d'une scène à l'autre. J'essaie de lire le moins possible les répliques des autres. Il est certain que quelqu'un comme Franck Borde, qui joue le rôle du juge, est obligé de retenir certains termes, certaines tournures, mais quand on joue le rôle d'un jeune, c'est bien aussi de ne pas apprendre mot à mot le texte, afin de rester naturel.

Avec une formation dans le domaine théâtral, comment s'est passé votre apprentissage du milieu de la télévision ? Je n'ai pas rencontré de difficultés particulières. Un comédien doit avant tout être disponible. Des contraintes techniques sur *Plus belle la vie*, il y en a environ cinq par séquence, mais on finit par s'y habituer, et j'essaie toujours de rester naturel. Notre but, en tant que comédien, c'est de donner du rêve et de raconter une histoire, il est donc important d'être bien dans sa tête.

Quel genre de rapports entretenez-vous avec les auteurs ? Je les remercie vraiment car ils m'ont fait de beaux cadeaux en me permettant de jouer des situations variées et intéressantes. Souvent, je lis les scénarios de A à Z et je trouve que, globalement, c'est assez bien foutu. Pour ma part, je ne dis plus vraiment les textes comme ils sont écrits : je garde l'idée, mais je m'approprie la façon de l'exprimer.

Regardez-vous la série régulièrement ? Je la regarde lorsque j'ai des scènes retransmises ; ce qui est réellement frustrant, c'est de découvrir

que certaines scènes ont été coupées au montage afin de respecter le cadre des vingt-huit minutes.

Que vous a apporté *Plus belle la vie* ? Professionnellement, à part une plus grande confiance en moi, la série ne m'a pas apporté grand-chose, mais, humainement, elle m'a permis de faire de belles rencontres avec des comédiens et des techniciens. Les gens qui travaillent sur le plateau sont vraiment formidables.

Cette aventure vous donne-t-elle envie de jouer dans une autre série ou d'aller vers le cinéma ? Une autre série, pourquoi pas ? En ce qui concerne le cinéma, j'ai eu la chance d'avoir une belle expérience à l'occasion d'un court-métrage que j'ai tourné en décembre 2007 et qui devrait sortir bientôt. Pour l'avenir, j'ai surtout envie de continuer à apprendre, à multiplier les expériences, les rencontres. Je suis également de plus en plus tenté par la création et la réalisation.

En quatre questions…

Comment expliquez-vous le succès de *Plus belle la vie* ?
Entre autres, par son format : la façon dont la série est tournée ressemble à de la vidéo, c'est donc plus proche des gens. C'est un peu le reflet de la société, car on y voit toutes sortes de personnalités, on est presque dans le domaine de la téléréalité.

Parlons maintenant du tournage. Quelle a été votre première scène forte ?
Elle a eu lieu le premier jour. J'ai commencé par une scène horrible dans laquelle je me sentais très mal : j'arrivais dans un commissariat en fumant un joint. Je n'avais pas envie de faire cette scène, j'espérais ne pas avoir à la tourner trop vite, et c'est la première que l'on m'a demandée. Cela ne s'est pas très bien passé… Par contre, deux heures après, je jouais la scène de rencontre entre Maxime et Agathe. C'était la première fois que je faisais la connaissance de Valérie Baurens et ça a été tout à fait magique, car il y avait à transmettre toute la pudeur des retrouvailles entre une mère et son fils. Sur le moment, c'était très émouvant.

Comment votre personnage est-il perçu par le public ?
Maxime passe un peu pour un petit con, un mec fragile, qui en même temps est dur avec sa mère. Parfois, dans la rue, les gens me demandent pourquoi je suis si sévère avec elle… Le public est très idéaliste, d'autant que le personnage d'Agathe – en dépit du fait qu'elle a abandonné son fils et qu'elle s'est prostituée – est assez populaire. Heureusement, il ne m'est arrivé que très rarement de me faire traiter de « fils de pute » dans la rue. De toute façon, je relativise, car je sais que ces injures sont destinées à Maxime.

Sentez-vous que le regard du public a évolué vis-à-vis de votre personnage ?
Je le ressens depuis que Maxime s'est assagi, après sa rencontre avec Sonia.

Avez-vous encore le trac, et si oui, comment le gérez-vous ? Dans *Plus belle la vie*, je le ressens chaque début de semaine, puis je suis dans le roulement. De toute façon, je pense que le trac est nécessaire pour faire ce métier ; j'aime bien m'en servir, l'intégrer, l'exposer. Pour moi, c'est davantage une substance qu'une paralysie.

Lorsque vous éprouvez une grande satisfaction, à quoi pensez-vous ? Au chemin parcouru depuis dix ans, à ma famille, ma mère, ma sœur et mes grands-parents, qui sont mes repères.

Et votre père ? Il est parti lorsque j'avais quatorze ans, et je n'ai plus vraiment de rapports avec lui. Je ne peux pas dire que je le connaisse, car on n'a jamais su se parler… Par contre, je sais qu'il regarde *Plus belle la vie*.

Est-ce qu'il ne représente pas une source d'énergie pour vous, en vous incitant à vouloir prouver plus ? Non. On a beaucoup essuyé les plâtres avec ma mère et ma sœur et, à un moment donné, j'ai été amené à jouer un rôle qui n'était pas le mien. Alors, aujourd'hui, les satisfactions que je peux ressentir s'adressent principalement à ma mère et à ma sœur pour leur montrer qu'on s'en est sortis. Il est évident qu'une charge émotionnelle et familiale lourde me pousse à m'accrocher à mon métier.

Finalement, on se rend compte, en apprenant à vous connaître, que le personnage de Maxime se rapproche de vous. Comment avez-vous réagi lorsque vous avez découvert ce qui vous arrivait dans la série ? Ce qui est bien, c'est que l'on apprend au fil des semaines ce qui va arriver, on n'a pas de recul. Il m'est arrivé à plusieurs reprises d'être « traversé » par le personnage, et quand ces moments-là surviennent, c'est énorme, et j'en ressors bouleversé. Il y a eu par exemple la scène où Maxime s'abandonne pour la première fois dans les bras de sa mère, le jour où Sonia retrouve son père…

***Plus belle la vie* n'est-elle pas une sorte de thérapie ?** Ce métier dans son ensemble fonctionne comme une thérapie. On s'investit toujours dans son personnage, ça fait partie du jeu de se donner à fond.

Pensez-vous qu'il n'y a pas de hasard ? Je ne pense pas… Je pense… Qu'importe, il faut aller là où on doit aller.

De quel rôle rêvez-vous ? J'adorerais interpréter le rôle d'Arthur Rimbaud, car c'est un personnage complexe, tout à la fois poète, rebelle, anarchiste, et finalement écorché vif. Il y a un contraste intéressant entre les tourments qui transparaissent dans ses poèmes et la normalité de sa vie. Une chose est sûre, jouer ce rôle serait pour moi une belle consécration.

Véra Madigan

Cécile Auclert

Quand on est convoqué chez un commissaire, de surcroît chez la commissaire Madigan, on ressent toujours un peu d'appréhension, mais je suis vite rassuré en pénétrant dans l'appartement marseillais de Cécile Auclert. Véra, ou plutôt Cécile, m'attend dans son salon où elle « organise des soirées-découvertes de jeunes talents, de la musique classique surtout, mais aussi du jazz. C'est la raison pour laquelle deux pianos trônent dans la pièce. Pour moi, transmettre aux jeunes, c'est vraiment important », précise-t-elle.

Carte d'identité

Télévision :

2002 *Père et maire*
1998 *Avocats & associés*
1997 *Cassidi et Cassidi : le démon de midi*
1997 *Une femme d'action*
1996 *Sans mentir*
1995 *Sandra princesse rebelle*
1995 *Quatre pour un loyer*
1995 *Mayday*
1994 *Grosse Fatigue*
1993 *Les Filles d'à côté*
1993 *Le Bœuf clandestin*
1993 *Polly West est de retour*
1992 *La Mort d'un bavard*
1991 *Les Mouettes*
1990 *L'Ex-Femme de ma vie*
1988 *Le Clan*
1987 *Pattes de velours*
1982 *Paris-Saint-Lazare*

Cinéma

1999 *Premier Noël*
1998 *Les Boys II*
1998 *Charité biz'ness*
1998 *The Man in the Iron Mask (L'Homme au masque de fer)*
1996 *Les Deux Papas et la maman*
1992 *L'Échappée belle*
1986 *Nuit d'ivresse*
1985 *Diesel*
1985 *À nous les garçons*
1984 *Frankenstein 90*

Rémi Castillo : Pouvez-vous nous parler de vos années de jeunesse ? Cécile Auclert : Je suis née à Paris. J'ai vécu à Saint-Maur jusqu'à l'âge de trois ans, j'en ai donc gardé peu de souvenirs, et j'ai passé toute ma jeunesse entre Paris et Boulogne. J'ai été comédienne de bonne heure, ça m'est tombé dessus tout de suite. J'ai dû prononcer le mot « actrice » avant de dire « papa » ou « maman » ! Je me rappelle que, lorsque j'avais quatre ou cinq ans, dès que j'entendais le générique de l'Eurovision, je grimpais sur un petit tabouret et je tournais dessus au son de la musique. J'ai très tôt aimé écrire des spectacles, mettre en scène mes copines de classe et donner des représentations devant mes parents et les leurs à l'occasion de mes anniversaires. J'ai fait un an de solfège, puis six ans de piano. J'aurais aimé être pianiste-concertiste, mais je n'ai pas été vraiment encouragée par mes parents, et comme en même temps je suivais des cours d'art dramatique dans un conservatoire d'arrondissement… J'étais très autonome, et d'ailleurs, je suis partie vivre avec mon premier amour alors que j'avais seulement dix-sept ans.

Et votre scolarité, dans tout ça ? Je suis allée jusqu'au bac, puis j'ai suivi pendant un an le cours Florent avant de monter pour la première fois sur scène, au Café d'Edgar, dans *Les Mangeuses d'hommes* (j'ai d'ailleurs fêté mes dix-huit ans sur scène). Ensuite, j'ai tourné pour des publicités et des films industriels. J'ai immédiatement bien gagné ma vie, d'autant qu'à l'époque on était payé à chaque passage de pub ! En fait, je n'ai pas eu d'adolescence ; c'est sans doute la raison pour laquelle, aujourd'hui, je ne me sens bien qu'avec les ados et les musiciens ! Ma fille a seize ans et demi et c'est mon bonheur…

Elle a également la fibre artistique ? Pour l'instant, elle étudie le piano au conservatoire de Marseille, mais cette année, elle va commencer la musique de chambre.

Quels ont été les moments importants de votre carrière ? Ma première pièce, bien évidemment, qui a duré six mois. Les années 1987-1988 n'ont pas été très drôles, on ne me proposait que des rôles de ravissantes idiotes alors que je voulais jouer la tragédie ! C'est au moment où je pensais tout arrêter que j'ai été contactée par Josiane Balasko qui préparait *L'Ex-Femme de ma vie* avec Thierry Lhermitte et Jane Birkin. J'avais déjà tourné avec Josiane dans *Nuit d'ivresse*, mais comme cela ne s'était pas très bien passé entre nous, j'ai été surprise

qu'elle ait pensé à moi pour son casting. Ça a été une grande rencontre. J'ai joué sa pièce pendant un an au théâtre du Splendid, puis au théâtre du Gymnase. C'est à ce moment-là que j'ai rencontré mon premier mari et, deux ans plus tard, ma fille est née. Ma grossesse a interrompu ma carrière et je n'ai pas pu profiter du succès de la pièce. Heureusement, en 1993, j'ai joué dans *Les Filles d'à côté* pour TF1 ; on a été complètement dépassés par l'engouement du public pour le feuilleton. J'ai arrêté au bout d'un an, de crainte d'être « étiquetée », mais le mal était fait, et par la suite, à part quelques téléfilms, je trouvais difficilement du travail.

C'est à ce moment-là que vous avez vécu un drame terrible… En effet, ma mère s'est suicidée en 1999 ; je n'avais plus de projets, j'étais séparée de mon mari, je suis donc partie avec ma fille m'installer sur l'île de Porquerolles, où j'ai fondé un cours de théâtre. J'avais dix-neuf élèves, de six à dix-neuf ans, et on a fait un superbe spectacle. Je me suis éclatée, j'adorais ça ! Je sortais enfin la tête hors de l'eau ! Mylène Demongeot m'a hébergée quelque temps avant que je décide de partir m'installer à Marseille, où j'avais déjà tourné à deux reprises. C'est à ce moment-là que j'ai été contactée pour des essais dans la série *Père et Maire*, et j'ai été prise ! Lorsque je l'ai appris, j'ai poussé un cri et j'ai sauté de joie ! C'était miraculeux pour moi et, cerise sur le gâteau, j'ai rencontré Christian Rauth : j'ai su tout de suite que c'était l'homme de ma vie, mais il était marié et avait cinq enfants ! L'amour a été plus fort : on vit ensemble depuis six ans maintenant, et nous nous sommes mariés il y a trois ans.

Ayant été longtemps étiquetée à cause de votre participation dans *Les Filles d'à côté*, avez-vous hésité à intégrer l'équipe de *Plus belle la vie*? En fait, je n'ai pas trop réfléchi… La mort de Daniel Riaulet, il y a deux ans, avait été un choc épouvantable pour nous tous, et principalement pour Christian, qui était son ami depuis dix-sept ans. C'était un drame dans notre vie et nous n'avions alors plus de projets. Christian a appelé des producteurs, parmi lesquels Michelle Podroznik, et c'est comme ça que l'on m'a proposé un rôle de commissaire dans *Plus belle la vie*. Le plus étrange, c'est que, lorsque la série avait été lancée, j'avais déjà fait des essais pour le rôle de Blanche, mais je n'avais pas été prise. Je n'ai pas pensé à l'étiquette qu'on pourrait à nouveau me coller, car j'aimais le concept, le personnage, ainsi que l'univers dans lequel

Un hiver de cochon retrace le voyage à Majorque de Frédéric Chopin et George Sand en 1838-1839. Cécile Auclert, accompagnée d'une pianiste et d'un violoncelliste, y interprète l'histoire qu'elle a écrite.

évoluaient les comédiens. L'expérience me tentait, donc j'y suis allée…

Comment s'est passée votre arrivée sur le plateau ? Je suis une éternelle « traqueuse » lors des premières, alors j'essaie de pratiquer un peu de méditation avant de commencer… Pour ce qui est de mes partenaires, je tourne essentiellement avec Pierre Martot, avec lequel ça a tout de suite fonctionné, et avec les *guests*. Je côtoie très peu les autres comédiens, et j'ai dû aller deux fois au Mistral en deux ans… Les scénaristes ne me « sortent » pas beaucoup, il faut amortir le nouveau commissariat ! (Rires)

Votre rôle va perdurer, car il y a régulièrement de nouvelles intrigues. Les auteurs restent très discrets sur le personnage, on ne sait rien d'elle, de sa vie, il ne lui arrive rien… J'aurais aimé qu'elle soit homosexuelle, par exemple, ou quelque chose qui soit complètement à l'opposé de son apparence. Elle est très carrée, très rigoureuse, il serait bien qu'elle ait un côté plus *trash*. J'attends avec impatience qu'on aborde enfin sa vie privée !

Votre personnage doit coller à la peau ; dans la rue, vous devez être le commissaire Madigan ? Oui, je fais peur aux gens, personne ne me parle ! (Rires) En réalité, dans la vie, je suis totalement différente, je suis une vraie déconneuse. Dans la rue, on ne me reconnaît pas, car je suis souvent mal coiffée et je porte des lunettes noires. (Je suis myope !) Parfois des gens s'interrogent, hésitent, mais le temps qu'ils réalisent, je suis déjà partie !

Comment réagissent votre fille et Christian ? Ils me taquinent, mais ils m'aident en me faisant répéter et me donnent la réplique en imitant Pierre. Ça vaut son pesant de cacahouètes !

Pour parler avenir, dans quel registre souhaiteriez-vous apparaître : au cinéma ou au théâtre ? Dans la comédie surtout, car pour ce qui est des drames, j'en ai eu assez dans ma vie et je n'ai plus envie de pleurer ! J'ai envie de rire… et pourquoi pas faire des parodies ? Une chose est sûre : pour l'instant, je suis très heureuse en jouant dans *Plus belle la vie*. Il règne une très bonne ambiance sur les plateaux, les équipes sont formidables, et je n'ai pas envie que ça s'arrête !

Samia Nassri

C'est à Paris, attablée dans un restaurant italien, le Napoletano Sempre, *situé dans le XV*[e] *arrondissement, dont elle est une habituée, que Fabienne, interprète depuis trois ans du rôle de Samia, a décidé de me retrouver. « Ayant fait une école hôtelière, j'aime la bonne cuisine et, pour cette interview, je désirais me trouver dans un lieu dont j'apprécie l'atmosphère, la convivialité, et surtout l'humanité. »*

Rémi Castillo : J'ai envie de commencer l'interview par votre enfance. Pouvez-vous nous dire si, toute petite, vous rêviez déjà d'être comédienne ?
Fabienne Carat : Je suis originaire du Sud-Ouest de la France, de Pau précisément. Concernant mon enfance, j'ai eu un flash il y a quelques mois : je me suis rappelé un souvenir qui date de mes trois ans. J'étais alors en première année de maternelle et, à l'occasion d'un spectacle scolaire, je suis montée sur scène en tutu. La scène était très haute et je ressens aujourd'hui encore le trac que j'éprouvais à l'époque en apercevant les têtes qui dépassaient devant moi. Je me souviens de m'être dit à ce moment-là : « Voilà ce que je vivrai plus tard ! »

Quelle scolarité avez-vous suivie ? À partir de onze ans, au collège, j'ai participé à un atelier-théâtre et, dans ma tête, c'était parfaitement clair : je voulais être comédienne ! Mes parents, eux, tenaient à ce que j'obtienne au moins un BTS avant de partir tenter ma chance à Paris. J'ai franchi plusieurs étapes avant d'avoir le droit de faire ce que je voulais. De quinze à vingt ans, je suis partie à Biarritz dans une école hôtelière et, une fois mon BTS en poche, en 2000, mes parents m'ont laissée venir à Paris.

Comment s'est déroulée votre arrivée à Paris ? Connaissiez-vous quelqu'un pour vous aider ? Non, pas du tout. Maman m'avait conseillé d'appeler des foyers et, finalement, j'en ai trouvé un tenu par des bonnes sœurs dans le VIIIe arrondissement. J'y suis arrivée en mars 2000, mais les cours dans l'école privée de théâtre où j'étais inscrite ne commençaient qu'en septembre, j'ai donc fait pas mal de petits boulots en intérim. Une fois à l'école (qui a duré trois ans), j'ai continué à faire de petits jobs, à me présenter à des castings et à rencontrer le maximum de monde.

L'école, les petits boulots, cela n'a pas dû être évident pour vous, au début, de croire en votre bonne étoile… Qu'est-ce qui vous faisait penser que vous y arriveriez ? Pour moi, je n'y suis pas encore arrivée, je sais que la route est longue ! J'avais, et j'ai toujours, une force

CARTE D'IDENTITÉ

Formation : école de l'acteur Côté cour ; cours de chant ; écoles de théâtre ; école de danse

Cinéma : *La Vénus mutilée ; Au secours j'ai 30 ans ; La Vérite si je mens 2*

Moyens-métrages (rôles principaux féminins) : *Dogma zéro II ; Système parfait ; Ne sous-estimez pas un homme ; Dogma zéro ; @ Rencontres*

Courts-métrages : *Cheyenne ; Prends garde ; Les Yeux fermés ; Auto-Stop ; C'est toi Hugo ; Le Procès du serpent ; Les Songes sont des mensonges ; Tout se passera bien*

Télévision : *Fête de famille ; Bin'o Bine ; Nawak et Guedin ; La Vie sexuelle des Francais.*
Émissions : *Casting Live ; Téléshopping ; Le Menteur ; On a tout essayé*

Clips : *Paris Latino ; Maria Magdalena* ; Les Wampas ; *Tu ne ressembles à personne.*
Doublage voix/voix off film institutionnel : Station météo intérieur ; *Sept à Huit*

Théâtre : *La Carte postale d'Honfleur ; Sales Mômes ; 8 Femmes ; Catégorie 3:1 ; Cendrillon ; Bistouri et Volupté ; Pop corn*

Publicités : Brossard ; La Redoute ; Sac Shopping ; France Telecom ; Oui Paris ; noos ; La Redoute ; aol

inexplicable et inépuisable. Je n'ai pas choisi d'être comédienne, j'ai juste décidé d'assumer ce que j'étais.

Cela vient d'où ? Je ne sais pas ; mon métier est en moi, il fait totalement partie de ma personne. J'adore apprendre des textes, faire vivre des mots, travailler en équipe… Bref, tout me plaît dans mon métier, y compris les périodes difficiles, qui ne me font pas peur car je les ai déjà vécues et je sais que j'en vivrai d'autres. Cela fait également partie du métier. Je ne lâcherai jamais. Si j'arrête ce métier, je meurs !

Revenons à vous et à votre parcours : racontez-nous ce qui vous a amenée à vous présenter au casting de *Plus belle la vie*. *Plus belle la vie* a été un coup de chance ! La série a commencé en 2004, quand je tournais dans une autre série comprenant quarante-deux épisodes, *Bin'O Bine*, qui se déroulait également à Marseille. J'en ai profité pour faire deux essais pour *Plus belle la vie* et, six mois plus tard, en mai 2005, les producteurs m'ont appelée et l'aventure a commencé. Cela tombait d'autant mieux que je traversais alors une période un peu difficile à Paris, et j'avais envie de partir.

***Plus belle la vie* est donc arrivé dans votre vie comme un petit miracle.** *Plus belle la vie* a été un miracle pour de nombreuses personnes ! En parlant avec d'autres comédiens, je me suis rendue compte que, très souvent, cela nous était arrivé au bon moment, un peu comme par magie.

En dehors des tournages, quels sont les comédiens avec lesquels vous avez le plus d'affinités ? Avec Sofiane, on s'est découverts par le biais du travail. Humainement, nous sommes assez différents, mais lorsque nous travaillons, nous nous retrouvons dans la recherche d'une même vérité, d'un même naturel. Nous sommes tous les deux très exigeants et nous essayons de faire en sorte que chaque scène ait l'air magique. J'ai également de bons souvenirs de séquences d'émotion avec Julien, qui sait être très touchant dans ce registre.

Existe-t-il des histoires d'amour sur le tournage ? Il y a de moins en moins d'histoires d'amour, je crois que tout le monde a fait le tour de tout le monde (Fabienne éclate de rire !). Chacun vit sa vie, mais on s'entend bien et on apprécie d'être ensemble.

Lorsqu'on vous propose des scènes un peu dénudées, parvenez-vous facilement à l'assumer ? Oui, parfaitement. Pour moi, interpréter une scène d'amour ou une scène de conflit, c'est la même chose. Il s'agit simplement de faire ressortir des émotions que l'on a ressenties à un autre moment. Une scène d'amour, ça n'a rien d'une relation sexuelle ni rien de gênant : c'est comme une chorégraphie, dans laquelle on donne notre corps au personnage. D'une manière générale, un comédien doit être bien dans sa tête et dans son corps afin de se servir de tout son être. De toute façon, vu le rythme du tournage, on n'a pas le temps de faire de chichis !

En cinq questions…

Quelles sont vos relations avec les auteurs ?
Je considère le travail avec les auteurs comme un travail d'équipe, dans une relation de confiance, puisqu'ils nous donnent des textes et qu'ils n'ont plus, par la suite, de mainmise sur eux. Notre travail de comédien doit se faire en respectant leurs idées, leurs pensées et, parfois, j'essaie de me mettre dans leur peau comme eux se mettent dans celle de Samia. Il arrive qu'un mot ou une tournure de phrase me gênent ; à ce moment-là, je les modifie, mais en respectant toujours ce que les auteurs ont voulu dire.

Mais vous est-il déjà arrivé d'être en désaccord avec l'évolution que les auteurs donnaient au personnage de Samia ?
Pas réellement, mais il m'est déjà arrivé de me dire : « Tiens, c'est bizarre que Samia dise cela. » En même temps, c'est aussi aux acteurs de rendre crédibles les propos des personnages ! Je m'interroge plutôt sur les raisons qui ont pu l'amener à dire ça, sur ce qui a pu se passer dans sa tête. Ce travail m'aide à être sincère au moment où je joue la scène. Après, on a toujours la solution de l'humour pour faire passer une scène un peu difficile. Je me rappelle, entre autres, un épisode dans lequel j'étais en désaccord avec Johanna : on se disputait pour des fringues ! On a décidé de jouer la dispute avec humour pour faire ressortir le côté fraternel.

Venant du public, avez-vous ressenti une confusion entre vous-même et votre personnage ?
Un peu, en effet. Mon personnage a évolué, mais à l'origine, née dans une cité, Samia était très bagarreuse. Beaucoup de gens des quartiers s'identifient à elle, ils viennent me voir et me disent : « Oui, tu nous représentes » ou « Ça, c'est pas bien, il ne faut pas faire ça ; si tu es avec tel mec, on se dispute dans la cité, ça fait de grosses histoires… ». Les gens croient tellement au personnage qu'ils inventent des histoires autour de Samia. Il y a même des personnes qui m'écrivent depuis la prison pour me dire que je les aide à tenir le coup, certains m'envoient des poèmes. Ces gens pensent que je suis comme eux, originaire des quartiers. On est toujours surpris, les autres comédiens et moi, de constater que le public a l'impression de tout savoir sur nous, alors qu'ils ne connaissent que le personnage que nous incarnons.

Humainement, justement, n'est-ce pas difficile d'être toujours en représentation ?
Cela a pu l'être à certains moments, en effet. À la limite, lorsqu'on m'aborde, je préfère qu'on fasse référence à *Plus belle la vie* plutôt qu'à Samia ; sans quoi je me dis que les gens n'ont pas compris qu'il ne s'agissait pas de moi. Lorsque certaines personnes m'appellent Fabienne, cela me fait plaisir, c'est très touchant.

Pour conclure, que vous a apporté *Plus belle la vie* ?
La série m'a principalement donné la chance de faire mon métier de comédienne tous les jours. J'adore avoir un scénario entre les mains, apprendre un texte, lui donner vie, travailler avec d'autres comédiens, avec les techniciens, donner du plaisir aux téléspectateurs. Et bien sûr, *Plus belle la vie* m'a apporté la notoriété ; elle permet au public de nous découvrir, à des réalisateurs de nous remarquer, et par conséquent d'obtenir d'autres projets. Cette notoriété ouvre des portes et c'est très important dans ce métier. La série m'a permis de rencontrer des personnalités formidables et de mieux connaître encore Marseille. Cela fait maintenant plus de trois ans que je passe ma vie entre Paris et cette ville, et c'est loin d'être désagréable.

Ludovic Baude

Benoît Cassagne

C'est un lieu chargé d'histoire et d'émotions qu'a choisi Ludovic pour cette interview : la Vieille Charité, située dans le quartier du Panier, à Marseille. « À une époque, raconte Ludovic, cet endroit était un hospice tenu par des sœurs qui y soignaient les lépreux ; puis, vers le XVII*e* *siècle, on y enferma les gueux, tous les miséreux victimes des grandes famines et des épidémies. Aujourd'hui, c'est un lieu magnifique, dédié à la culture, avec des arcades sur trois niveaux et de grandes coursives en vieilles pierres. »*

Rémi Castillo : Je crois que c'est un endroit qui vous est cher car vous y avez déjà joué ? Ludovic Baude : En effet, j'ai participé ici à un festival, il y a douze ans : avec d'autres comédiens, on a lu *L'Énéide* de Virgile pendant toute une nuit sous les étoiles. C'était majestueux !

C'est un endroit emblématique de Marseille, proche du Vieux-Port… Oui, le quartier du Panier a inspiré la production de *Plus belle la vie* pour le décor de la place du Mistral ; on y retrouve la même architecture et la même ambiance populaire.

Comme le veut la coutume, évoquons d'abord vos jeunes années ; quelle enfance avez-vous vécue ? Une enfance heureuse. Il n'y avait pas de télévision chez nous ; du coup, pendant un an, nos parents nous ont emmenés tous les lundis soir au cinéma à Cannes ; et l'année suivante, au théâtre à Nice, où nous allions voir toutes les pièces qui se jouaient. C'est comme ça que j'ai eu envie de faire du cinéma, à douze ans, mais ma mère m'a conseillé de faire d'abord du théâtre.

Étiez-vous un enfant plutôt timide ou plutôt « chef de bande » ? J'étais physiquement complexé et assez introverti, sauf avec quelques potes, mais je me lâchais dans le sport – le rugby ou le handball –, qui me permettait d'affirmer mon caractère combatif.

Le théâtre a donc également été un exutoire. Oui, car j'avais des émotions à vivre et je me disais que, par ce biais-là, je pourrais les extérioriser. Après le bac, je me suis inscrit en fac de lettres tout en suivant des cours au théâtre de Nice, dirigé par Jacques Weber. Ensuite, je me suis présenté à l'École régionale d'acteurs de Cannes (Erac), et ça a été un premier saut dans le vide. Je me suis donné à fond pendant deux ans avant de contacter une compagnie marseillaise, qui m'a donné l'occasion d'une première expérience professionnelle en tant que comédien, il y a quatorze ans.

Et vous avez souhaité, comme on dit, « monter à la capitale » ! Oui. J'ai été reçu au Conservatoire à vingt-trois ans. J'étais extrêmement content d'intégrer

Carte d'identité

Formation : Erac, Conservatoire national supérieur d'art dramatique

Cinéma : *Menus plaisirs ; La Nuit hallucinée ; Eva ; Carnation*

Théâtre : *Maintenant le paradis ; La Cuisine ; Les Courtes ; Demi-Jour ; L'Énéide ; Les Tsiganes ; Périclès ; Nouvelles de Monsieur et Madame et de leur amant*

Télévision : *Le Transfert*

Sports : arts martiaux, équitation, tennis, patin à roulettes et à glace, natation

cette école de référence, avec des professeurs renommés. Par la suite, j'ai fait pas mal de théâtre.

Combien de temps êtes-vous resté à Paris ? Jusqu'à ce que j'intègre *Plus belle la vie*. Un jour, mon agent m'a informé que l'une des responsables du casting voulait me rencontrer. Mon travail lui a plu, mais pas pour le rôle auquel elle avait pensé. On m'a contacté trois mois plus tard pour me proposer celui de Benoît.

Vous qui veniez du théâtre, comment avez-vous réagi à l'idée de jouer dans une série populaire ? J'étais content, c'était pour moi l'occasion de vivre une expérience enrichissante dans l'audiovisuel et d'ajouter une corde à mon arc.

Vous êtes l'un des derniers arrivés dans la série ; comment se sont passés votre intégration à l'équipe et vos premiers jours de tournage ? C'était un vrai tourbillon, comme un baptême du feu : j'ai tourné six séquences le premier jour ! Concernant l'intégration, j'ai été agréablement surpris par l'ambiance de travail ainsi que par l'accueil des comédiens, qui sont là depuis longtemps, du coaching et de l'équipe de production.

Au-delà du rythme et de la cadence de travail, comment s'est passé votre contact avec ce nouvel outil qu'est la caméra ? J'avais déjà travaillé dans quelques courts-métrages, je n'étais donc pas totalement novice. C'est plus sur le rythme et la façon de travailler que j'ai découvert des tas de choses.

Avez-vous regardé les premiers épisodes ? Bien évidemment, comme outil de travail, pour pouvoir corriger, apporter plus de vie, de nuances, adapter davantage le jeu au rythme particulier de la séquence. Le format de la série, où un épisode ne dure que vingt minutes, impose qu'il n'y ait pas de temps mort. On n'a pas la possibilité de jouer sur les silences, les regards ; il faut donc mettre en place une forme de jeu pour faire passer les choses de façon claire et fluide.

Avez-vous trouvé certaines scènes difficiles à jouer ? Principalement celles où Benoît hésite à partir avec Ninon, parce qu'il sait qu'il va faire du mal à ses enfants en les quittant. Il faut alors maintenir un certain dynamisme tout en demeurant dans une gravité émotionnelle, et ce n'est pas évident.

Justement, comment vous préparez-vous ? J'essaie de comprendre l'enjeu de la séquence en amont, et je me remets dans l'état d'esprit de l'épisode précédent pour faire ressortir ses points forts, ses enjeux.

Interpréter l'amant de Ninon, cela doit être plutôt facile, mais les scènes

de séparation, de conflit avec vos enfants, étaient chargées émotionnellement ; comment l'avez-vous vécu ? C'est plutôt difficile ; on puise dans des expériences personnelles qui se rapprochent de la situation. Ce qui n'est pas très gai. J'ai connu des ruptures, j'ai aussi un petit garçon, j'arrive donc à comprendre les états d'âme de Benoît. Ensuite, quand on quitte les studios, la vie reprend son cours.

Vos parents ont été vos premiers spectateurs ; que pensent-ils de vous ? Ils sont fiers, et ma mère regarde *Plus belle la vie* tous les soirs. Ils me font plutôt des critiques positives, car les remarques négatives, je suis le premier à les formuler, je suis assez dur avec moi-même.

Comment analysez-vous le succès de la série ? Les gens ont envie d'une série française, d'une histoire qui se déroule ailleurs qu'à Paris, d'un format quotidien où tout le monde se retrouve. Vous avez des intrigues policières, de la comédie, et une sorte d'étude de mœurs qui permet d'aborder beaucoup de sujets sans tabou. Il y en a vraiment pour tout le monde !

Actuellement, vous êtes dans le tourbillon de *Plus belle la vie*, mais imaginez-vous votre vie dans quelques mois ou quelques années ? J'essaie de m'amuser et de prendre les choses comme elles viennent : je suis très heureux dans *Plus belle la vie*. Mais je n'imagine pas l'avenir sans monter sur les planches de façon régulière. J'aimerais également pouvoir interpréter d'autres personnages à la télévision.

Si je pouvais exaucer un de vos vœux, lequel serait-ce ? J'aimerais faire vivre Benoît encore longtemps et avoir un beau rôle dans un long-métrage au cinéma.

De tous les épisodes que vous avez tournés, si je vous demandais d'en extraire un souvenir marquant, une image forte, une émotion… ? Deux heures à me remettre d'un fou rire avec Luna, que je connais depuis longtemps car elle était à l'Erac avec moi. Il y a aussi eu l'émotion d'entrer dans la peau d'un éducateur au sein d'un foyer d'intégration, car mon grand-père était avocat et il a créé plusieurs centres de réintégration pour les jeunes.

Quels secrets donneriez-vous à un débutant pour réussir dans ce métier ? Deux ou trois trucs, comme accepter ses faiblesses, travailler avec elles, car elles nous singularisent autant, voire plus, que nos qualités ; travailler beaucoup, et croire en son étoile. Moi, j'y ai toujours cru…

Sybille Cassagne

Coline d'Inca

Le moins que l'on puisse dire, c'est qu'il y a de l'ambiance place d'Estienne-d'Orves, où nous prenons un verre, Coline et moi, « dans l'un des premiers bars où je suis allée quand je suis arrivée à Marseille, précise-t-elle ; nous sommes à deux pas du Vieux-Port, c'est très vivant, très convivial, c'est une ambiance que j'aime ».

Rémi Castillo : Dans *Plus belle la vie*, vous jouez Sybille, la sœur de Raphaël, interprété par Audric Chapus, qui est lyonnais comme vous. Coline d'Inca : En effet, c'est amusant, on l'a découvert lors du casting à Paris.

Votre mère fait de la radio, votre père est comédien, vous avez donc toujours baigné dans un univers artistique ? Oui, ma mère est chroniqueuse pour France Bleue Isère ; elle m'a interviewée à plusieurs reprises dans le cadre de son travail lorsqu'elle avait besoin de témoignages d'enfants.
Mon père est comédien, musicien, et c'est lui qui m'a donné l'envie de faire ce métier, car je trouve que c'est un très bon comédien. Récemment, il a joué dans *Engrenages*, la série de Canal + ; auparavant, il avait joué (entre autres) dans *Le Bourgeois gentilhomme* au théâtre des Célestins, à Lyon. Il est même apparu dans *Plus belle la vie* au tout début de la série. Je ne me rappelle pas avoir jamais eu envie de faire un autre métier que celui-là.

Vous n'avez pas encore dix-sept ans et vous êtes la benjamine de la série ; quel genre d'enfant étiez-vous ? Normale, ni sage ni rebelle…

Pourtant, je crois savoir que vous n'aimiez pas trop l'école ! C'est vrai ! J'aime bien apprendre, mais je suis très flemmarde, et je n'aime pas l'idée d'être collectivement à l'écoute d'une personne qui vous enseigne quelque chose. En fait, tout dépendait des professeurs, certains me donnaient vraiment le goût d'apprendre. Mais j'ai toujours eu du mal à me fondre dans la masse, car les enfants sont très durs entre eux.

Vous semblez apprécier le fait de vous positionner en tant qu'individu à part entière, car vous avez une réelle personnalité… Oui, je n'aime pas faire les choses forcément comme tout le monde, mais plutôt comme j'ai envie de les faire.

Alors, justement, lorsque vous étiez lycéenne à Lyon, vous regardiez *Plus belle la vie* ? Au début, non. J'ai commencé à suivre la série quand mon père y participait. Après, j'étais tentée de voir la suite de l'épisode précédent. *Plus belle la vie* est une série qui touche tout le monde.

Mais comment êtes-vous passée de votre classe de seconde aux plateaux de *Plus belle la vie* ? Par un miracle ! Je passais beaucoup de castings, car je voulais faire ce

Carte d'identité

Formation : Théâtre amateur « La Petite Troupe », Lyon

Musique : *Une affaire de goût*

Court-métrage : *Lily*

Radio : *Eloge de la soupe*

Théâtre : *Roland Topor, L'Ecume des jours*

Autres : chant, guitare, écriture

métier. Auparavant, j'avais fait cinq ans de théâtre au sein d'une même troupe, ainsi que deux courts-métrages et un peu de figuration. Un jour, je me suis présentée au casting de *Plus belle la vie*, à Paris, les mains dans les poches… et quelques semaines plus tard, on m'a dit que je figurais parmi les finalistes ! Je suis donc revenue pour un deuxième casting, mais là j'étais nettement plus stressée, car nous n'étions plus que trois…

Qu'est-ce qu'on vous a demandé de faire ? Nous étions trois finalistes pour le rôle de Sybille, face aux trois finalistes pour celui de Raphaël. On nous a parlé du personnage ; j'ai commencé alors à me faire une idée et, en jouant, j'ai proposé ma façon de le percevoir. C'est à ce moment-là que j'ai rencontré Audric, et ça s'est bien passé avec lui, il a une bonne gueule et il est super sympa. On a eu à interpréter une scène d'agressivité durant laquelle on se ligue contre notre belle-mère, puis une autre plus tendre où Sybille cherche à rassurer Raphaël.

Vous souvenez-vous du jour où vous avez appris que vous aviez été retenue ? Oui, bien sûr ! Deux semaines après ce dernier casting, j'ai reçu un coup de fil et j'ai entendu : « Il va falloir que tu changes tes habitudes », j'ai demandé « Pourquoi ? » et on m'a répondu : « Tu pars à *Plus belle la vie*. » J'ai eu du mal à réaliser, j'étais super contente et, en même temps, je réalisais que ma vie allait radicalement changer. J'ai cru que ma mère allait faire une syncope (rires), mais, comme mon père, elle était finalement très fière.

Et le premier jour de tournage ? J'ai appris que j'étais prise un mardi et me suis retrouvée à Marseille le samedi suivant ! J'ai flippé quand j'ai vu les studios, mais heureusement tout le monde a été très sympa. J'avais cinq séquences à jouer le premier jour, mais ça s'est très bien passé ; à la fin de la journée, j'ai été soulagée d'avoir réussi ce premier tournage, qui avait été un supplice exquis… Le plus drôle, c'est qu'avec Audric, on a commencé en même temps, et on a tissé un lien fraternel très rapidement.

Quelle a été votre réaction, et celle de votre entourage après la première diffusion ? J'avais envie de pleurer ! je ne voyais que les défauts, mais, durant la soirée, j'ai reçu beaucoup de messages très gentils qui m'ont rassurée et m'ont donné confiance. J'apprécie les critiques constructives, car elles m'aident à progresser ; c'est important d'être entouré de gens sincères. En plus, l'avantage de la série, c'est que tous les soirs on peut évaluer en direct ce qu'il y a à améliorer dans notre jeu ; pour ça, c'est une très bonne école.

Vous jouez le rôle d'une fille qui doit affronter la séparation de ses parents, et, à ce titre, vous devenez une référence pour les enfants de divorcés. En avez-vous conscience ? Oui, je l'ai compris en recevant la lettre d'une fan qui me disait avoir vécu la même situation que Sybille, elle ajoutait que j'étais son soleil… J'ai réalisé que cette fille était seule, qu'elle se sentait mal et qu'elle regardait à la télévision quelqu'un qui parlait pour elle, et qui, ainsi, devenait sa copine. Au début, je trouvais le personnage de Sybille un peu naïf, mais avec toutes les lettres que j'ai reçues, je me rends compte que ses réactions sont celles de beaucoup de jeunes. En abordant tous ces sujets de société, on aide les gens ; c'est une responsabilité étrange, car c'est vrai qu'on devient une référence.

Comment qualifieriez-vous *Plus belle la vie*? C'est une chance inouïe, un rêve éveillé ! J'habite une ville géniale où il fait toujours beau, et je suis entourée de gens sympas. En même temps, c'est une expérience, un moment de ma vie, mais ça ne peut pas être toute ma vie…

Justement, après *Plus belle la vie*, pensez-vous poursuivre la comédie ou vous consacrer à d'autres passions, comme la guitare ou le chant ? Une chose est sûre : j'ai envie de continuer à évoluer dans l'univers artistique, que ce soit par le biais du théâtre, de la musique ou du cinéma. Pourquoi pas l'écriture aussi ? J'aime bien, en effet, l'écriture, la mise en scène.

Quel est le plus beau compliment qu'on vous ait fait depuis *Plus belle la vie*? Ce n'est pas un compliment particulier qui me vient à l'esprit, mais plutôt le regard des gens qui apprécient ce que je fais. À ce moment-là, lorsque le regard signifie « merci », c'est magnifique !

D'où viennent cet enthousiasme, cette flamme en vous ? J'espère arriver à faire ce que j'aime et à transmettre le message de l'importance de la simplicité de la vie ; à quel point on peut être bien avec peu de chose. C'est cette beauté-là que j'ai envie de crier ; mon bonheur, il est dans les choses simples, comme une promenade avec du vent dans les cheveux… Le reste, c'est du « plus », un cadeau, de la chance.

Pour finir, si vous deviez remercier quelqu'un, ce serait qui ? Jeanne, car c'est elle qui m'a donné le goût de cette simplicité.

Raphaël Cassagne

Audric Chapus

C'est sous une tente, juste derrière la cantine des studios de Plus belle la vie*, qu'Audric m'attend : « C'est l'endroit où je viens faire une pause, me relaxer, c'est un peu notre sas de décompression. »*

Carte d'identité

Formation : cours Simon ; stages de cinéma et de théâtre au cours Florent ; ateliers d'art dramatique compagnie Sol y Sombra (Lyon) ; ateliers d'art dramatique du Théâtre de la Platte (Lyon)

Cinéma : *15 ans et demi*

Court-métrage : *Divague à l'âme ; Ma vie ailleurs ; Sans Titre*

Théâtre : *La Mégère apprivoisée ; Royale Academy ; Quai des Allers-Retours ; Les Premières Dames ; Le Journal d'Anne Franck*

Théâtre de rue : *Fête des Lumières* (spectacle de mime)

Rémi Castillo : Avant de parler de votre personnage de Raphaël, racontez-nous un peu votre enfance. Audric Chapus : Je suis originaire de Millery, un petit village situé à une vingtaine de kilomètres de Lyon. J'ai eu une enfance heureuse entre mes parents et mes deux sœurs aînées, et comme j'étais un enfant plutôt timide, ce sont mes parents qui m'ont incité à faire du théâtre.

Comment cela s'est-il passé ? Ils m'ont inscrit lorsque j'avais six ans dans un cours de théâtre et, comme ça m'a plu, j'ai continué durant les années qui ont suivi. Après le bac, j'ai joué dans une troupe d'amateurs pendant quelques mois, puis je suis venu à Paris suivre l'enseignement du cours Simon.

Vous avez eu une vraie passion pour le théâtre ? Oui, depuis que je suis gamin, j'ai envie d'en faire. C'est un plaisir pour moi de jouer sur scène : travailler le texte, l'avoir en bouche, prendre en compte les aspects techniques… Je trouve assez jouissif le fait d'être sur scène. D'ailleurs, faire du théâtre m'a beaucoup aidé à vaincre ma timidité.

Quelle a été la réaction de vos parents lorsqu'ils ont réalisé que le théâtre représentait plus qu'un loisir pour vous ? Comme ils ont compris que c'était important pour moi, ils m'ont toujours encouragé.

Avez-vous des modèles de comédiens ou d'acteurs ? Un comédien comme Michel Bouquet, c'est un dieu ! J'adore la façon dont il parle du théâtre et de ce que sa pratique apporte.

Comment s'est passée votre arrivée à Paris, lorsque vous êtes entré au cours Simon ? J'étais un peu paumé, un peu désorienté par la mentalité parisienne ; j'ai eu un peu de difficulté à m'adapter. Même au sein du cours Simon, il régnait un esprit de compétition entre les élèves, certains étaient même assez hargneux. En revanche, les cours y sont de grande qualité, et j'ai beaucoup appris.

Sans aucune expérience de tournage, comment vous êtes-vous retrouvé dans *Plus belle la vie*? Un gros coup de chance : comme j'étais au cours

Simon, j'avais également envie de voir autre chose, j'ai alors envoyé des CV un peu partout sans vraiment attendre quoi que ce soit. Un an plus tard, Julien Grossi, qui s'occupait du casting de *Plus belle la vie*, m'a appelé. J'y suis donc allé. Un autre comédien a été choisi, mais il s'est désisté au dernier moment et, du coup, c'est moi qui ai eu le rôle !

Racontez-nous comment cela s'est passé. Je devais me présenter et jouer une scène avec différentes partenaires, car ils organisaient en même temps le casting pour le rôle de Sybille, la sœur de Raphaël ; c'est ce jour-là que j'ai connu Coline, qui a décroché le rôle et qui est lyonnaise comme moi.

Votre intégration sur le tournage s'est-elle bien passée ? Oui, car l'équipe était très accueillante, mais je ne m'attendais pas à un tel rythme de travail ! Au début, j'hésitais, je craignais de ne pas être à la hauteur, d'être trop exposé, mais maintenant je ne regrette pas l'aventure, car elle a été bénéfique pour moi.

Quels sont les points positifs et négatifs que vous retirez de cette expérience ? Comme point positif, je dirais que, grâce à *Plus belle la vie*, en dehors du plaisir évident de jouer, je fais pas mal d'allers-retours entre Paris, Lyon et Marseille ; j'aime bien ces déplacements, ça me permet de bouger, même si c'est crevant. Ce qui est négatif, en revanche, c'est la rapidité des tournages : c'est quelquefois frustrant, car on n'a pas toujours le temps de donner ce que l'on aurait envie d'exprimer.

Comment vous préparez-vous ? Je lis mes textes dès que je les reçois tout en essayant de mettre le ton dessus, d'imaginer comment ça va se passer sur le plateau.

Comment définiriez-vous Raphaël ? Vous ressemble-t-il ? (Rires) Non, il ne me ressemble pas, heureusement pour moi ! Raphaël est un « merdeux », un adolescent en crise qui rejette tout ; comme il ne peut pas garder pour lui tout ce qu'il a sur le cœur, il se sent obligé d'attaquer. Il est agressif, mais il n'est pas méchant, c'est une image qu'il se donne. J'aime bien ce rôle, je m'amuse beaucoup en le jouant.

Aimeriez-vous que Raphaël vive une histoire d'amour ? Non, car je ne voudrais pas que ça le rende trop gentil, trop lisse…

Ce n'est pas trop difficile de gérer une notoriété qui arrive soudainement, surtout quand on est si jeune ? Parfois, oui. Je m'y attendais un peu, mais pas à ce point-là, et j'ai été surpris d'être reconnu dès le lendemain de mon premier passage dans la série. Quand vous êtes avec des amis ou votre famille et que vous ne pensez plus à *Plus belle la vie*, c'est un peu dérangeant d'être interpellé dans la rue.

Est-ce que le regard de vos amis a changé depuis que vous jouez dans la série ? Heureusement que le regard des vrais amis et des proches n'a pas changé ; mais c'est sûr, je reçois des coups de fil de personnes dont je n'avais plus de nouvelles depuis bien longtemps !

Avez-vous des projets après *Plus belle la vie* ? Oui, je compte suivre à nouveau des cours de théâtre.

D'après vous, cette série peut durer combien de temps encore ? Au moins jusqu'au 2 000ᵉ épisode. Rendez-vous à ce moment-là !

CONSTRICTOR

BAR

ISTRAL
M

Relecture et corrections : Christine Boisson et atelier Dazibao, Montels
Photogravure : Litho Art New, Italie
Impression : Laballery, France
Transcription des interviews : Thierry Deslot

978-2-916-28909-0
Dépôt légal : novembre 2008
Diffusion/Distribution : Volumen
Diffusion/Distribution en Belgique : Interforum

Cet ouvrage a été achevé sur les presses de Laballery
en France en octobre 2008. N° impression : 809303